Transferência das Mensagens de Correio Eletrónico para Processos de Contraordenação

UM ESTUDO SOBRE AS INVESTIGAÇÕES INTERNAS NAS INSTITUIÇÕES DE CRÉDITO

Transferência das Mensagens de Correio Eletrónico para Processos de Contraordenação

UM ESTUDO SOBRE AS INVESTIGAÇÕES INTERNAS NAS INSTITUIÇÕES DE CRÉDITO

2023

Raul Taborda
Advogado e jurista no Banco de Portugal

ALMEDINA
NOVA SCHOOL OF LAW
CEDIS CENTRO DE I&D SOBRE DIREITO E SOCIEDADE
FCT Fundação para a Ciência e a Tecnologia

TRANSFERÊNCIA DAS MENSAGENS DE CORREIO ELETRÓNICO PARA PROCESSOS DE CONTRAORDENAÇÃO
Um estudo sobre as investigações internas nas instituições de crédito

AUTOR
Raul Taborda
EDITOR
EDIÇÕES ALMEDINA, S.A.
Avenida Emídio Navarro, 81, 3D
3000-151 Coimbra
Tel.: 239 851 904 · Fax: 239 851 901
www.almedina.net · editora@almedina.net
DESIGN DE CAPA
FBA.
PRÉ-IMPRESSÃO
EDIÇÕES ALMEDINA, S.A.
IMPRESSÃO E ACABAMENTO

Julho, 2023

ISBN
978-989-40-1249-8

DEPÓSITO LEGAL
????????/23

ALMEDINA | GRUPOALMEDINA

ÍNDICE GERAL

APRESENTAÇÃO

As novas tecnologias têm criado o seu espaço de afirmação no sistema jurídico, nas actividades económicas e na vida de todos nós. De tal modo que, em alguns casos, a organização dos circuitos de contactos e de transacções depende essencialmente delas, quase parecendo que sempre existiram. É o que se passa com o correio electrónico, que já não pode sequer ser apresentado como uma novidade tecnológica, tal foi o seu enraizamento no nosso quotidiano nas últimas décadas.

Para os sistemas jurídicos, estes e outros meios de comunicação adquirem vários significados. Um deles é, contudo, especialmente importante: os arquivos de correio electrónico constituem extraordinários acervos de prova que permitem reconstituir factos, círculos de conhecimento e decisões tomadas, mesmo em circuitos mais herméticos, de uma forma ímpar no sistema judicial.

A história do regime legal do correio electrónico não é linear e tem sofrido mutações significativas. Mas o seu interesse probatório crescente faz com que, apesar de todos os problemas, continue a subsistir como um meio de prova especialmente visado em qualquer investigação.

É exactamente essa atenção centrada no interesse das mensagens de correio electrónico enquanto meio de prova que está na origem deste estudo de Raul Taborda. Com a particularidade de envolver outras dimensões, juridicamente complexas, no circuito dessas mesmas mensagens.

O problema central consiste em saber se as mensagens de correio electrónico recolhidas nas investigações internas feitas pelas instituições de crédito podem depois ser transferidas para processos de contraordenação, instruídos pelo Banco de Portugal, conservando o seu valor probatório (nos processos de contraordenação em causa).

A resposta a este problema não é simples. Envolve delicadas questões de Direito Laboral quanto à gestão, conhecimento e uso das mensagens de correio electrónico nas empresas, problemas de delimitação da tutela da privacidade dos trabalhadores, regimes de protecção de dados pessoais, problemas de legalidade na obtenção da prova e reservas sobre as condições de lealdade na sua obtenção e transmissão.

De tudo isto nos dá conta Raul Taborda, num estudo profundo, complexo e muito bem informado sobre a matéria. A investigação que leva a cabo beneficia da sua experiência e percepção dos problemas enquanto advogado e enquanto quadro do Banco de Portugal. Também por isso, revela um especial conhecimento da realidade e uma particular sensibilidade jurídica em relação ao equilíbrio de interesses e valores em causa. Ademais, o texto oferece soluções bem fundamentadas e precisas sobre as mensagens que podem ou não ser recolhidas no âmbito das averiguações internas nas instituições de crédito e aquelas que, depois, podem ou não ser transmitidas para os processos sancionatórios da autoridade reguladora do sistema bancário. Tudo boas razões para aprofundar, nas páginas deste estudo, um tema por demais actual, complexo e muito interessante.

Com esta publicação, o quinto livro editado na *Criminalia – Estudos de Ciências Criminais da Nova*, damos mais um passo na afirmação desta nossa colecção e da área das Ciências Criminais na *Nova School of Law*. E, com isso, da mesma Faculdade, que nos acolhe no seu Centro de Investigação, CEDIS. Com o espírito aberto, como sempre defendemos, para enfrentar as realidades que desafiam o sistema jurídico e para estabelecer pontes entre várias áreas do saber ligadas ao Direito penal e ao Direito das contraordenações.

Lisboa e Universidade Nova (Campolide)
dia 20 de Março de 2023
Teresa Pizarro Beleza
Frederico de Lacerda da Costa Pinto

NOTA PRÉVIA

O estudo que se publica corresponde, no essencial, à dissertação submetida a provas públicas com vista à obtenção do grau de mestre na Faculdade de Direito da Universidade Nova de Lisboa, no dia 23 de abril de 2021, perante um júri composto pela Senhora Professora Doutora Cristina Maria Machado de Queiroz Leitão (Presidente), pelo Senhor Professor Doutor Frederico de Lacerda da Costa Pinto (Orientador) e pelo Senhor Professor Doutor André Lamas Leite (Arguente).

Adicionalmente, considerando as funções e a atividade profissional do autor, qualquer opinião expressa neste estudo pertence unicamente a este, não representando a opinião do Banco de Portugal, a menos que expressamente se afirme que o autor está autorizado para tanto.

AGRADECIMENTOS

Um agradecimento, em primeiro lugar, à minha Mãe, pelo carinho sempre presente, e à Cláudia, minha companheira, pelo constante e incondicional apoio.

Não posso deixar de agradecer à minha querida amiga e mentora, Dra. Teresa Serra, a quem muito devo, não só pelo constante investimento na minha formação, profissional e académica, mas também pela amizade, sempre presente.

Gostaria também de fazer um agradecimento especial ao Senhor Professor Doutor Frederico Costa Pinto, pelo permanente cuidado e apoio ao longo de todo o trabalho, em especial no contexto pandémico, marcado por vicissitudes várias.

Agradeço igualmente ao Senhor Professor Doutor André Lamas Leite pela valiosa arguição, pelas críticas, comentários e pela sua disponibilidade.

Por último, mas não menos importante, um agradecimento aos meus amigos Ricardo, David e Inês.

RESUMO

O presente estudo pretende responder à questão de saber se, e em que condições, o conteúdo de mensagens de correio eletrónico recolhidas no decurso de uma investigação interna, conduzida por uma IC, pode ser transferido para um processo contraordenacional instaurado pelo BdP, e em curso.

Para o efeito, proceder-se-á à caracterização e à análise das investigações internas, integrando-as no sistema de controlo interno e na função de *compliance*.

As investigações contêm uma fase de recolha de elementos, que se destina a suportar as conclusões do relatório interno que será produzido. Numa era marcada pelas tecnologias da informação e comunicação, em que os fluxos de informação ocorrem primacialmente em meio digital, o correio eletrónico surge como um elemento primordial em qualquer investigação. No entanto, se o investigador proceder à recolha de tais mensagens, de forma indiscriminada, em violação do direito à privacidade ou dos direitos de personalidade dos colaboradores da instituição, poderá ditar não só o fracasso da investigação, como impedir, irremediavelmente, a transferência desses elementos para o processo contraordenacional. Nesse sentido, proceder-se-á à análise dos requisitos de que depende a recolha de mensagens de correio eletrónico, à luz da legislação laboral e à luz da legislação de proteção de dados, oferecendo linhas orientadoras.

Na esteira do relatório final produzido pela IC, existe a possibilidade de o BdP, ao abrigo dos poderes de supervisão que lhe assistem, considerar relevante, para a instrução de um determinado processo de contraordenação, a junção aos autos daquele relatório, bem como dos elementos que suportam as respetivas conclusões (no caso, as mensagens de correio eletrónico recolhidas). Nesse sentido, importa analisar em que moldes uma tal transferência se afigura compatível com os direitos que processualmente assistem ao arguido no processo contraordenacional.

ABSTRACT

The present study aims to answer the question of whether and under which circumstances the content of email messages, collected during an internal investigation conducted by a banking institution, can be legally transferred to an administrative offence proceeding opened by the Bank of Portugal.

To this end, the study will describe and analyse internal investigations, integrating them in the internal control system and in the compliance function.

Internal investigations comprise a phase that aims to collect elements to support the conclusions of the internal report that will be produced. In an age dominated by information and communication technologies, in which the information flows occur primarily in a digital environment, emails are a key element of any internal investigation. However, if the investigator collects such email messages indiscriminately, in violation of the right to privacy or the personality rights of the institution's employees, he may not only dictate the failure of the investigation but also irremediably prevent the transfer of those messages to an administrative offence proceeding. Thus, this study will analyse the requirements for the collection of email messages, in the light of both labour law and data protection law, and offer guidelines for such collection.

Following the final report produced by the banking institution, the Bank of Portugal, under its supervisory powers, might consider relevant for a certain administrative offense proceeding to add the abovementioned report as well as the elements that support its conclusions (in the case of our study, the email messages that were collected). In this sense, it is important to analyse the compatibility of such transfer with the procedural rights of the defendant in the administrative offence proceeding.

LISTA DE ABREVIATURAS

AdC – Autoridade da Concorrência
APB – Associação Portuguesa dos Bancos
BdP – Banco de Portugal
CAB – Código da Atividade Bancária
CC – Código Civil
CEDH – Convenção Europeia dos Direitos Humanos
CEPD – Comité Europeu para a Proteção de Dados
CSC – Código das Sociedades Comerciais
CdVM – Código dos Valores Mobiliários
CMVM – Comissão do Mercado de Valores Mobiliários
CNPD – Comissão Nacional de Proteção de Dados
CP – Código Penal
CPC – Código de Processo Civil
CPP – Código de Processo Penal
CRP – Constituição da República Portuguesa
CT – Código do Trabalho
EBA – *European Banking Authority*
ENA 2020-2024 – Estatégia Nacional Anticorrupção 2020-2024
IC – Instituição(ões) de Crédito
IOSCO – *International Organization of Securities Commissions*
PE – Parlamento Europeu
PwC – *PricewaterhouseCoopers*
RGICSF – Regime Geral das Instituições de Crédito e Sociedades Financeiras
RGCO – Regime Geral das Contraordenações
RGPD – Regulamento Geral sobre a Proteção de Dados

RJC	– Regime Jurídico da Concorrência
STJ	– Supremo Tribunal de Justiça
TEDH	– Tribunal Europeu dos Direitos Humanos
TC	– Tribunal Constitucional
TJUE	– Tribunal de Justiça da União Europeia
TRC	– Tribunal da Relação de Coimbra
TRE	– Tribunal da Relação de Évora
TRG	– Tribunal da Relação de Guimarães
TRL	– Tribunal da Relação de Lisboa
TRP	– Tribunal da Relação do Porto

MODO DE CITAR E OUTRAS CONVENÇÕES

As referências bibliográficas ao longo do texto são feitas em nota de pé de página, sendo as obras citadas mediante a utilização do estilo Autor-data.

As expressões ou palavras em língua estrangeira são apresentadas em itálico.

Optámos por transcrever a generalidade das passagens na sua língua original, ressalvadas as situações que considerámos justificar-se a sua tradução livre, da inteira responsabilidade do Autor.

O texto foi escrito ao abrigo do novo acordo ortográfico.

Introdução

As IC têm o dever legal de dispor de dispositivos sólidos em matéria de governo da sociedade, cabendo-lhes organizar processos eficazes de identificação, gestão, controlo e comunicação dos riscos, a que estão ou podem vir a estar sujeitas (artigo 14º, nº 1, alíneas f) a h), do RGICSF).

No exercício da sua atividade, as IC deparam-se com a ocorrência de riscos de *compliance* (risco de continuidade de negócio, risco pecuniário e sancionatório e risco reputacional). Para gerir tais riscos (lidar com as respetivas consequências e prevenir ocorrências futuras), é fundamental que a instituição disponha de processos e de estratégias capazes de reagir à respetiva ocorrência. As investigações internas inserem-se em tais processos.

No decurso das investigações são recolhidos diversos elementos considerados indispensáveis para comprovar determinada realidade, sendo que, entre eles, contam-se as mensagens de correio eletrónico, enviadas e recebidas por pessoas da instituição (designadamente, administradores, diretores e outros colaboradores), mas também as mensagens enviadas por pessoas externas à instituição. Importa, por isso, estudar se, e em que condições, tais mensagens podem ser recolhidas no decurso de uma investigação e o seu conteúdo analisado pelo investigador.

O BdP, ao abrigo dos seus poderes de supervisão, e quando tal se afigure necessário à averiguação e à instrução de determinado processo contraordenacional, pode solicitar a quaisquer pessoas e entidades esclarecimentos, informações e a entrega de documentos. A questão a que se pretende dar resposta no âmbito do presente trabalho consiste em saber se, e em que termos, o conteúdo de mensagens de correio eletrónico recolhidas no âmbito e no decurso de uma investigação interna pode ser validamente "transferido" para um processo contraordenacional da competência do BdP.

O presente estudo está dividido em três capítulos.

No primeiro, procedemos à caracterização e à análise das investigações internas, integrando-as no sistema de controlo interno e na função de *compliance*, seguindo-se a descrição e análise das diversas fases da investigação, incluindo uma fase de recolha de elementos.

No segundo, identificamos as mensagens de correio eletrónico como possível elemento que pode ser recolhido no decurso de uma investigação e assinalamos os requisitos de que depende a respetiva recolha pelo investigador, à luz da legislação laboral e, bem assim, da legislação em matéria de proteção de dados.

No terceiro e último capítulo respondemos à questão de saber se, e em que condições, é possível transferir o conteúdo das mensagens de correio eletrónico recolhidas numa investigação interna. Analisar-se-á a questão à luz dos direitos que processualmente assistem ao arguido, designadamente o direito ao silêncio e à não autoinculpação. Mais se analisarão, neste capítulo, as consequências para o processo de contraordenação de uma eventual transferência ilegal do conteúdo dessas mensagens.

CAPÍTULO I
Das Investigações Internas

1. Enquadramento

No presente capítulo procederemos ao enquadramento e à caracterização das investigações internas, as quais, em traços gerais e não obstante estejam mais bem caracterizadas adiante, constituem averiguações reativas que têm como finalidade confirmar ou afastar uma suspeita de risco de incumprimento ou de *compliance*[1]. Integrá-las-emos no *compliance* (*lato sensu*) e no sistema de controlo interno, explicando a sua função enquanto meio de reação àquele risco.

A referida configuração permite apresentar a seguinte síntese: (i) o *compliance* é parte integrante (ii) do sistema de controlo interno; este é concretizado (iii) pela função de *compliance*, à qual compete controlar o cumprimento das obrigações legais e dos deveres a que as IC se encontram sujeitas, cabendo-lhe, em especial, prevenir e detetar (iv) o risco de *compliance*. Mais compete a esta função, em nossa opinião, reagir ao risco de *compliance*, designadamente através de (v) investigações internas.

Nos termos do artigo 3º do RGICSF, constituem IC: (i) os bancos, (ii) as caixas económicas, (iii) a Caixa Central de Crédito Agrícola mútuo e as caixas de crédito agrícola mútuo, (iv) as instituições finan-

[1] Adotaremos a designação de risco de *compliance*, por se tratar da designação referida em instrumentos normativos e, por isso, mais fácil de entender para os profissionais do foro, ainda que, em rigor, o que esteja verdadeiramente em causa seja risco de não *compliance*. A locução "risco de compliance" constitui, em si mesma, um contrassenso, na medida em que o que se pretende evitar não é o *compliance*, mas sim o não *compliance*.

ceiras de crédito, (v) as instituições de crédito hipotecário e (vi) outras empresas que, correspondendo à definição anterior, como tal sejam qualificadas pela lei.

Antes de passarmos à caracterização das investigações internas, importa fazer algumas considerações a propósito dos sobreditos conceitos.

1.1. *Compliance*

A primeira questão que se coloca é a de saber o que se entende por *compliance*. Sem pretendermos ser exaustivos, *compliance* – termo anglo-saxónico – tem, desde logo, um significado residual, que pode ser descrito da seguinte forma: «[...] *principio vigente en cada uno de los ordenamientos jurídicos estatales según el cual las empresas y sus órganos deben operar armónicamente con el Derecho vigente*»[2]. *Compliance* é, nesta perspetiva, aquilo que o próprio termo evidencia, *i.e.*, conformidade ao Direito, conformidade à lei – constitucional e infraconstitucional – e às disposições normativas emanadas das entidades reguladoras, como é, por exemplo, o caso dos Avisos e das Instruções do BdP, emitidas ao abrigo do respetivo poder regulamentar[3-4].

Contudo, *compliance* não se esgota naqueles aspetos. Numa perspetiva mais densificada, *compliance* consiste «na adopção de regras e processos intraempresariais que garantam que o cumprimento do Direito não é fruto do acaso, de um comportamento individual ou de interesses parciais de um departamento, antes corresponde a uma "arquitectura de *compliance*" coerente e omnipresente, i.e. referida a todas as actividades empresariais, internas e externas»[5].

[2] Rotsch, Thomas (2012), p. 2.

[3] «*Compliance* é o *dever de cumprir, de estar em conformidade e fazer cumprir normas e regulamentos, internos e externos, impostos à actividade das empresas.*» (itálicos destacados no texto original) – Júnior, Filipa Marques e Medeiros, João (2018), p. 124.

[4] «A palavra *compliance* tem origem no verbo inglês "to comply" que significa agir de acordo ou estar em conformidade com uma norma, uma instrução ou um comando.» – Pizarro, Sebastião Nóbrega (2017), p. 18.

[5] Brito, Teresa Quintela de (2018), p. 59. Adicionalmente, tal como refere Geraldo, Tiago (2018), p. 275, *compliance* é: «Um sistema ordenado, transversal à organização empresarial, de prevenção e monitorização de riscos legais». Já para a PwC *compliance* «é o modelo organizacional, processos e sistemas usados para garantir a adesão às leis e regulamentos,

Nesse sentido, podemos representar o *compliance* como se de uma pirâmide se tratasse: na sua base, a "legalidade", i.e., o cumprimento das normas legais; num patamar acima, as *best practices*, padrões de conduta sectoriais, ou seja, o cumprimento das normas regulamentares; e, no topo da pirâmide, a "responsabilidade social", i.e., o cumprimento das normas internas, voluntariamente impostas pela organização a si própria[6]. O *compliance* é, em si mesmo, um resultado: o resultado do cumprimento.

O *compliance* tem, no domínio das IC, importância preponderante, porquanto nelas se desenvolvem «atividades com um elevado perfil de risco, intimamente ligado à alavancagem financeira a que estão sujeitas; este efeito traduz-se numa importância acrescida da gestão do risco e da orientação da governação para a sustentabilidade da instituição, impondo-se uma diligência ainda maior aos seus administradores»[7].

1.2. Sistema de controlo interno

O Instituto Europeu Monetário, em documento datado de 1997, acolhe a seguinte definição de sistema de controlo interno: «*the process, including all the controls, financial or otherwise, effected by a credit institution's board of directors, senior management and other personnel to provide reasonable assurance that the following objectives are achieved: a) accomplishment of established goals and objectives; b) economical and efficient use of resources; c) adequate control of various risks incurred and the safeguarding of assets; d) reliability and integrity of financial and management information; e) compliance with laws and regulations as well as policies, plans, internal rules and procedures*»[8].

às políticas e normas internas, e expectativas dos intervenientes importantes considerando, por exemplo, os seus clientes, empregados, fornecedores, investidores, auditores, e reguladores de forma a que a empresa possa proteger e aumentar o seu modelo de negócio, reputação e condição financeira.» – disponível em https://www.pwc.com, acessível em 25.01.2020.

[6] Ayres, Ian e Braithwaite, John (1992), p. 39.

[7] Azevedo, Sara (2016), p. 16.

[8] *Internal Control Systems of Credit Institutions*, disponível em https://www.ecb.europa.eu, acessível em 19.07.2020.

Na ordem jurídica portuguesa encontramos em diversos diplomas legais referências ao sistema de controlo interno[9]. Este surge atualmente definido como o «conjunto de estratégias, políticas, processos, sistemas e procedimentos com o objetivo de garantir a sustentabilidade da instituição no médio e longo prazo e o exercício prudente da sua atividade, através [...]», no que aqui releva, «do cumprimento da legislação, da regulamentação e das orientações aplicáveis à atividade da instituição, emitidas pelas autoridades competentes, do cumprimento dos normativos internos da própria instituição, bem como das normas e usos profissionais e deontológicos e das regras de conduta e de relacionamento de clientes»[10].

Por via de regra, a criação (e a implementação) de um sistema de controlo interno pelas empresas é voluntária. Nas situações de implementação voluntária pretende-se «minorar significativamente os riscos de responsabilização das sociedades comerciais e respetivos dirigentes nos âmbitos civil, contraordenacional e até criminal e, com isso, a defender genericamente os interessados *(Stakeholders)*»[11-12]. Na generalidade das empresas, em que a autorregulação é, em certa medida, opcional[13], a implementação de um sistema de controlo interno visa prevenir e rea-

[9] São meros exemplos os seguintes: artigo 14º do RGICSF, artigo 12º do Aviso do BdP nº 3/2020, artigo 12º da Lei nº 83/2017, de 18 de agosto, entre outros.

[10] Artigo 12º, nº 1, alínea c), do Aviso do BdP nº 3/2020. Esta definição não diverge substancialmente da definição que era dada pelo Aviso do BdP nº 5/2008. Dogmaticamente, podemos entender que o sistema de controlo interno (conceito amplo, que abarca diversos subsistemas) integra, dentro dele, o sistema de controlo de cumprimento (ou sistema de *compliance*): «Desde logo, o controlo de cumprimento, tanto no conceito como nas suas distintas e concretas manifestações, integra o sistema geral de controlo interno, o que se supõe que se organize, estabeleça e desenvolva no quadro estrutural, hierárquico e funcional de cada entidade» (LABAREDA, João (2014), p. 45). Este autor caracteriza o sistema de controlo de cumprimento «como o conjunto de meios organizados e dirigidos à prevenção, gestão e controlo do risco de incumprimento, aí incluindo, designadamente, as estratégias, políticas, processos, procedimentos, estruturas e recursos vocacionados para o efeito.» (LABAREDA, João (2014), p. 42)

[11] MENDES, Paulo Sousa (2018), p. 11.

[12] PEDRO DURO refere que «as empresas portuguesas, fora do setor financeiro [...] ainda estão longe de explorar as potencialidades do *compliance* [...].» (DURO, Pedro (2015), pp. 1 e 2)

[13] Pelo menos com o conteúdo e o alcance objeto do nosso estudo.

gir a riscos de *compliance*[14], assim se evitando as eventuais consequências desfavoráveis que decorram da respetiva materialização[15]. Na implementação de uma tal cultura organizacional[16-17], a empresa procura não só precaver-se contra eventuais sanções aplicáveis, as quais, normalmente têm expressão pecuniária, como almeja, igualmente, evitar o dano reputacional que o incumprimento, designadamente das disposições legais e regulamentares, pode acarretar.

Diferentemente, em determinados setores da atividade económica, o legislador impôs determinados deveres de autorregulação – o que a doutrina designa de situações de autorregulação regulada[18]. É o que sucede, designadamente, com as IC, que devem dispor de «mecanismos adequados de controlo interno»[19], devendo, inclusivamente, para efeitos de obtenção da autorização para o exercício da atividade económica, demonstrar que dispõem de «dispositivos sólidos em matéria de governo da sociedade»[20] e de «[m]ecanismos adequados de controlo interno»[21]. Nestas situações, a implementação de um sistema de controlo interno efetivo e sólido não é uma opção. É um dever e este decorre diretamente da lei.

[14] Cujo sentido e alcance nos deteremos adiante.

[15] «Na verdade, ignorar ou não aplicar o *compliance* significa estar em não-*compliance*. Os custos do não-*compliance* não são desprezíveis. Por um lado, podem implicar a lesão na reputação e respetiva marca, o que implica perda potencial da imagem com óbvias consequências. Por outro, o não-*compliance* poderá causar a perda de autorização de funcionamento, alvará, ou outro, determinando o encerramento da organização. Por fim, poderá importar a aplicação de sanções, coimas ou penalidades à organização e aos seus responsáveis, situação que tem feito evoluir o conceito de *criminal compliance*.» – PIZARRO, Sebastião Nóbrega (2017), pp. 12 e 13.

[16] BRITO, Teresa Quintela de (2018), p. 67.

[17] «Da noção de *compliance* deverá constar o desenvolvimento de uma cultura organizacional que instaure e desenvolva o respeito por valores constantes de normas, internos ou externos à organização e valores éticos, o que nunca passará pela sua imposição, mas sim pela sua divulgação e controlo do seu respeito.» – PIZARRO, Sebastião Nóbrega (2017), p. 21.

[18] MARTÍN, Adán Nieto (2015), p. 118.

[19] Artigo 14º, nº 1, do RGICSF.

[20] Artigo 17º, nº 1, alínea *f)*, do RGICSF.

[21] Artigo 17º, nº 2, alínea *c)*, do RGICSF.

Tratam-se de «casos de autorregulação regulada pelo Estado [...]»[22], em que o sistema de controlo interno deve, por um lado, permitir «detetar os riscos de incumprimento de normas legais aplicáveis a intermediários financeiros [....]», e, por outro, «assegurar ou permitir às autoridades reguladoras, como o Banco de Portugal (no âmbito da supervisão prudencial) e a Comissão do Mercado de Valores Mobiliários («CMVM») (no âmbito da supervisão comportamental) o exercício eficiente dessas funções de supervisão»[23]. Nestas situações de autorregulação imposta, a própria cultura organizacional também é imposta pela lei, cabendo à instituição o dever de garantir que todos os colaboradores[24] reconhecem «*a importância do controlo interno*»[25], sensibilizando-os para a necessidade de contribuírem ativamente para o funcionamento do sistema e alertando-os para as consequências do seu incumprimento.

No que em concreto se refere às IC, nos termos do artigo 76º da Diretiva nº 2013/36/UE, do PE e do Conselho, de 26 de junho, o órgão de direção deve aprovar e rever periodicamente as estratégias e políticas destinadas a assumir, gerir, acompanhar e atenuar os riscos a que a instituição está ou possa vir a estar exposta e deve participar ativamente e assegurar que sejam afetados recursos adequados à gestão de todos os riscos significativos[26].

No plano regulamentar merece destaque o então Aviso do BdP nº 5/2008[27], o qual, logo no seu Preâmbulo, reconhecia a importância que a existência de um sistema de controlo interno adequado e eficaz assumia no efetivo cumprimento de deveres a que a IC está sujeita, «assegurando a sua estabilidade e sobrevivência e, assim, a estabilidade do próprio sistema financeiro». Esta importância continua a ser refletida no Aviso do BdP nº 3/2020.

[22] Brito, Teresa Quintela de (2018), p. 61.

[23] Abreu, Filipe Brum de (2008), p. 86.

[24] O termo pretende incluir trabalhadores e prestadores de serviços.

[25] Artigo 7º, nº 1, do Aviso do BdP nº 5/2008 (entretanto revogado) e, depois, com maior grau de densificação, o disposto no artigo 2º do Aviso do BdP nº 3/2020.

[26] Relevam ainda, designadamente, os artigos 73º e 74º, transpostos para a ordem jurídica nacional pelo Decreto-Lei nº 157/2014, de 24 de outubro, que alterou o RGICSF (artigos 115º-A e seguintes).

[27] Entretanto revogado pelo Aviso do BdP nº 3/2020.

Enfim, o sistema de controlo interno pressupõe a adoção de um sistema de gestão de *compliance, i. e.*, mais especificamente, a criação e a implementação de um conjunto concatenado de procedimentos e mecanismos capazes de fazer cumprir, detetar e de reagir perante riscos de *compliance*. Neste sentido, o sistema de gestão de *compliance* assenta em três pilares base[28]: i) prevenção[29], ii) deteção[30] e iii) reação[31].

1.3. Função de *compliance*

Por seu turno, a função de *compliance* «convoca a ideia da actividade desenvolvida por uma estrutura própria, cuja razão de ser é, exactamente, promover que a instituição em que se insere actue em consonância com os normativos aplicáveis, reportando-se, ora aquela, ora a esta, ou, frequentemente, a ambas como um todo»[32-33]. A função de *compliance*[34], ao integrar o sistema de controlo interno, dá-lhe substância, tornando-o percetível aos olhos de todos que integram a instituição[35],

[28] Nesse sentido, *vide*, designadamente *White Paper on the Compliance function*, p. 11, disponível em https://www.asociacioncompliance.com, acessível em 20.12.2020.

[29] Neste pilar, podemos enquadrar os Códigos de Conduta, Manuais de Procedimentos e Políticas de *Compliance* da IC, bem como a formação destes temas aos seus colaboradores, tendo em vista desenvolver e cimentar a cultura organizacional de *compliance*.

[30] No segundo pilar do sistema de gestão de *compliance*, encontramos, nomeadamente, a existência de um canal de denúncias, a regular avaliação de perceção interna de *compliance* e as auditorias de *compliance*.

[31] É neste terceiro pilar do sistema de gestão de *compliance* que se inserem, nomeadamente, a aplicação de sanções e as investigações internas, objeto do presente estudo, como reação a um evento *non-compliance* anteriormente detetado.

[32] Labareda, João (2014), p. 42.

[33] Para um desenvolvimento do tema dos princípios da função de *compliance, vide Compliance and Compliance Function in Banks*, produzido pelo Comité de Basileia, pp. 10 e ss., disponível em https://www.bis.org, acessível em 25.01.2020.

[34] A função de *compliance* era tratada no Aviso do BdP nº 5/2008 como a função de "compliance", sendo regulada no respetivo artigo 17º. Sucede que o Aviso do BdP nº 3/2020 veio alterar a designação desta função para função de conformidade, sendo regulada pelo respetivo artigo 28º. No entanto, considerando as constantes e reconhecidas alusões ao termo *compliance*, quer para designar o sistema de *compliance* como um todo, quer para designar os demais termos com aquele relacionados, optamos, por uma questão de coerência, por manter a designação função de *compliance*, enquanto função daquele sistema.

[35] Labareda, João (2014), p. 43.

tendo como missão cumprir, e fazer cumprir, os deveres e obrigações legais a que a mesma se encontra sujeita[36-37].

As IC devem, no que releva para efeitos do presente trabalho, estabelecer e manter uma função de *compliance* responsável por (i) acompanhar e avaliar regularmente a adequação e a eficácia das medidas e procedimentos adotados para detetar riscos de *compliance*, (ii) aconselhar os órgãos de administração e de fiscalização, para efeitos do cumprimento dos deveres legais e regulamentares e (iii) prestar imediatamente aos órgãos de administração e de fiscalização toda a informação de que dispõem sobre quaisquer indícios de violação de deveres legais ou regulamentares[38].

Também o Comité de Basileia havia estabelecido, como princípio, a criação e a implementação de uma permanente e efetiva função de *compliance*[39].

Ora, para que a função de *compliance* seja permanente e efetiva, a mesma deve dispor de mecanismos que permitam reagir, de forma espontânea, atempada e eficaz, a riscos de *compliance*. Em nossa opinião, as investigações internas constituem um dos mecanismos de que as entidades devem dispor para cumprir tal desiderato, devendo a sua existência ser contemplada e regulada em programas de *compliance*[40-41].

[36] Labareda, João (2014), p. 29.

[37] De acordo com as orientações da EBA em matéria de governo interno, «A FVC [Função de Verificação do Cumprimento] assegura que o controlo é efetuado através de um programa de acompanhamento da verificação do cumprimento estruturado e bem definido e que a política em matéria de verificação do cumprimento é observada. A FVC deve reportar ao órgão de administração e, se for caso disso, comunicar com a FGR [Função de Gestão de Riscos], sobre o risco de conformidade da instituição e a sua gestão» e «adotam medidas adequadas contra qualquer comportamento fraudulento e infrações disciplinares a nível interno ou externo (p. ex., infrações de procedimentos internos ou violações dos limites).» (p. 44), disponíveis em: https://eba.europa.eu, acessível em 22.01.2020.

[38] Artigo 28º do Aviso do BdP nº 3/2020.

[39] «*Compliance and compliance function in Banks*», p. 9, disponível em https://www.bis.org, acessível em 25.01.2020.

[40] «[A] finalidade dos programas de *compliance* consiste em, além do mais, reduzir ao mínimo razoável o risco de lesão dos bens jurídicos, achando um ponto de equilíbrio que não paralise a actividade da empresa. De entre aquelas que são comummente enumeradas como as principais funções de um programa de *compliance*, no âmbito de uma estrutura empresarial, podemos identificar as seguintes: [...] Acompanhamento e verificação do

cumprimento das leis, normas e regulamentos [...]» – Júnior, Filipa Marques e Medeiros, João (2018), p. 125. Parece-nos que a tendência futura será a imposição, por via legislativa, de programas de *compliance* e, bem assim, a determinação de um conteúdo mínimo. Note-se, a este propósito, que a Resolução do Conselho de Ministros nº 37/2021, de 6 de abril, que aprovou a ENA 2020-2024, aludia à tendência atual de adoção e uniformização de tais programas. A Lei nº 94/2021, de 21 de setembro (que aprovou medidas na ENA 2020-2024, introduziu diversas alterações em legislação existente, as quais conferem relevância, em diferentes níveis, à implementação de programas de cumprimento normativo. Veja-se, a título de exemplo, o artigo 90º-A do CP, que prevê (i) a atenuação especial da pena quando a pessoa coletiva ou entidade equiparada tenha adotado e implementado, antes da prática do crime, programa de cumprimento normativo adequado a prevenir a prática do crime (nº 4), (ii) a aplicação de pena acessória sempre que tal se revele necessário, designadamente por a pessoa coletiva não ter implementado programa de cumprimento normativo adequado a prevenir a prática do crime (nº 5) e (iii) a substituição da pena de multa por pena alternativa que realize de forma adequada e suficiente as finalidades de prevenção, podendo considerar, para o efeito, a adoção e implementação pela pessoa coletiva de programa de cumprimento normativo adequado a prevenir a prática do crime (nº 6).

[41] *«Another Hallmark of a well-designed compliance program is the existence of an efficient and trusted mechanism by which employees can anonymously or confidentially report allegations of a breach of the company's code of conduct, company policies, or suspected or actual misconduct. Prosecutors should assess whether the company's complaint-handling process includes proactive measures to create a workplace atmosphere without fear of retaliation, appropriate processes for the submission of complaints, and processes to protect whistleblowers. Prosecutors should also assess the company's processes for handling investigations of such complaints, including the routing of complaints to proper personnel, timely completion of thorough investigations, and appropriate follow-up and discipline.» – U.S. Department of Justice Criminal Division, Evaluation of Corporate Compliance Programs,* p. 6, disponível em https://www.justice.gov, acessível em 01.10.2020. Também a referida Resolução do Conselho de Ministros nº 37/2021, de 6 de abril (ENA 2020-2024) aludia a este aspeto: «A adoção ou o aperfeiçoamento dos programas de cumprimento normativo incentiva-se por via da sua repercussão na responsabilização penal, administrativa ou contraordenacional das pessoas colectivas e entidades equiparadas. Isentando-as de responsabilidade, atenuando a sua punição e prevendo soluções e meios processuais diferenciados e menos restritos, o Estado promove uma cultura empresarial de cumprimento normativo assente na responsabilização penal e contraordenacional das pessoas coletivas e entidades equiparadas.». A respeito da isenção e da atenuação da responsabilidade, destacam-se os artigos 90º-A e 90º-B do CP, alterados pela a Lei nº 94/2021, de 21 de setembro. A implementação de programas de cumprimento normativo não se esgota, porém na isenção e na atenuação da responsabilidade do agente, tendo outras repercussões relevantes, como é demonstrado, designadamente, pela alteração introduzida no artigo 204º do CPP, segundo o qual a adoção e a implementação de programas de cumprimento normativo deve ser tida

A importância destes programas foi inclusivamente reconhecida na Resolução do Conselho de Ministros nº 37/2021, de 6 de abril (ENA 2020-2024)[42], que previa como componente dos programas de cumprimento normativo, justamente, as investigações internas[43].

De acordo com o estabelecido pelo Comité de Basileia, a função de *compliance* deve ter (i) o direito de conduzir investigações a possíveis incumprimentos da política de *compliance*, bem como ter (ii) o direito de solicitar a especialistas externos o desempenho dessa tarefa[44], acrescentando, a propósito das investigações internas, que esse direito deve ser reduzido a escrito, integrando a política interna de *compliance* do Banco ou outro documento formal[45].

Também a IOSCO, em relatório final emitido na sequência de um processo de consulta pública acerca da *função de compliance*, referiu como elemento integrante do princípio "independência e capacidade para agir", que as pessoas afetas à função de *compliance* devem ter a possibilidade de conduzir investigações de possíveis irregularidades[46].

em conta na avaliação do perigo de continuação da atividade criminosa (para efeitos de aferição dos requisitos gerais de aplicação de medidas de coação).

42 De acordo com a referida Resolução, «[a] obrigatoriedade de adoção de programas de cumprimento normativo [...] facilitará certamente a investigação criminal, por via da prova que poderá ser produzida em sede de investigações internas [...]». A Lei nº 94/2021, de 21 de setembro introduziu alterações relevantes em diversos diplomas, estabelecendo que se o agente contribuir ativamente na descoberta da verdade, contribuindo de forma relevante para a prova dos factos, a pena será especialmente atenuada, como sucede, entre outros, com o artigo 8º da Lei nº 36/94, de 29 de setembro, com o artigo 13º da Lei nº 50/2007, de 31 de agosto e com o artigo 5º da Lei nº 20/2008, de 21 de abril.

43 «Reconhece-se que foi feito um grande esforço na adoção de medidas destinadas a dotar a investigação de mais recursos e capacitação através, nomeadamente, do recurso a prova produzida em investigações internas, a ações encobertas, a quebra do sigilo bancário e fiscal e a buscas e pesquisas em ambiente digital» – Resolução do Conselho de Ministros nº 37/2021, de 6 de abril (ENA 2020-2024).

44 *Compliance and compliance function in Banks*, p. 12, disponível em https://www.bis.org, acessível em 25.01.2020.

45 *Compliance and compliance function in Banks*, p. 11, disponível em https://www.bis.org, acessível em 25.01.2020.

46 *Compliance Function at Market Intermediaries – Final Report*», p. 13, disponível em https://www.iosco.org, acessível em 25.01.2020. Para garantir a adequação e a independência da função de *compliance*, veja-se o artigo 13º, nº 2, alínea a), do Aviso do BdP nº 3/2020.

Embora as investigações internas não surjam reguladas com a densidade desejável nos instrumentos normativos portugueses em vigor, encontramos, no universo das IC, casos em que é a Lei que determina a "abertura" e a condução de uma investigação, como sucede com o regime de comunicação interna de irregularidades, previsto no artigo 115º-X do RGICSF[47-48].

Este regime foi recentemente regulado pelo Aviso do BdP nº 3/2020, cabendo à instituição consagrar «um processo destinado a assegurar que todas as participações efetuadas são registadas em base de dados própria e sujeitas a análise, que é elaborado um relatório fundamentado sobre as mesmas, com indicação das medidas a adotar ou com uma justificação para a não adoção de quaisquer medidas»[49]. Acresce que o relatório mencionado no nº 7 do artigo 115º-X do RGICSF deve conter, entre outros aspetos, a descrição sumária das diligências para a averiguação da factualidade participada[50], se o processo se encontra pendente ou finalizado, bem como o resultado da investigação[51].

Um apontamento antes de prosseguirmos: o modelo de autorregulação regulada pressupõe a existência de funções e de responsáveis dessas funções independentes. Independentes entre si, em relação ao órgão de administração e em relação aos demais colaboradores da IC e unidades de negócio. Dir-se-á que é uma premissa, até certo ponto, ingénua, na medida em que se baseia na crença de que é possível manter, em absoluto, a independência entre funções e a independência das funções em relação ao órgão de administração[52]. Uma independência que permitiria,

[47] Pela sua relevância, damos nota de que embora o regime geral de proteção dos denunciantes de infrações, estabelecido pela Lei nº 93/2021, de 20 de dezembro, não prejudique os regimes de proteção de denunciantes, como é o caso do regime previsto no artigo 115º-X do RGICSF, o mesmo aplicar-se-á em tudo o que aí não estiver previsto ou sempre que tal se mostre mais favorável ao denunciante (artigo 3º, nº 1, da referida Lei).

[48] Encontramos deveres similares noutros diplomas legais, como sucede, por exemplo, com a Lei nº 83/2017, de 18 de agosto, no seu artigo 20º.

[49] Artigo 35º, nº 2, alínea f).

[50] Artigo 8º, nº 1, alínea b), subparágrafo iv), da Instrução do BdP nº 18/2020, que regulamenta o Aviso do BdP nº 3/2020.

[51] Artigo 8º, nº 1, alínea b), subparágrafo vi), da Instrução do BdP nº 18/2020.

[52] Paulo César Busato serve-se, inclusivamente, de uma expressão que consideramos feliz e que nos parece ilustrativa: "o lobo a cuidar do gado", aludindo, no fundo, ao facto de a função de prevenção de irregularidades ficar à guarda de quem tem, na maior parte das

em tese, nos momentos cruciais, participar irregularidades que tivessem sido cometidas e detetadas. Não é um modelo perfeito, mas reconhecemos que, face à escassez de meios com que os Reguladores se debatem, é um modelo essencial.

Parece-nos, no entanto, que faltam incentivos para que o sistema funcione como pretendido. Na maior parte das vezes, a IC poderá eventualmente sentir-se tentada a "internalizar" a resolução dos riscos detetados, não os revelando, pelo menos espontaneamente, ao Regulador, temendo que o conhecimento, por este, de tais irregularidades acarrete consequências desfavoráveis para si e para quem a dirige. O que acaba por constituir um contrassenso, na medida em que o *compliance* foi também estabelecido para evitar a responsabilidade das pessoas coletivas e das pessoas singulares que as dirigem. Ou seja, se tudo funcionasse como é suposto (o que pressupõe, em todo o caso, a existência de incentivos credíveis, completos e eficazes), havia um incentivo à revelação.

1.4. Risco de *compliance*

O risco de *compliance* vinha definido, no Aviso do BdP nº 5/2008, como «a probabilidade de ocorrência de impactos negativos nos resultados ou no capital, decorrentes de violações ou da não conformidade relativamente a leis, regulamentos, determinações específicas, contratos, regras de conduta e de relacionamento com clientes, práticas instituídas ou princípios éticos, que se materializam em sanções de carácter legal, na limitação de oportunidades de negócio, na redução do potencial de expansão ou na impossibilidade de exigir o cumprimento de obrigações contratuais»[53].

Com o Aviso do BdP nº 3/2020, o Regulador optou por uma abordagem distinta, não tendo incluído a tradicional definição de risco de

vezes, mais vantagens em ocultar o incumprimento do que reportá-lo (Busato, Paulo César (2018), p. 23).

[53] Artigo 11º, nº 4, alínea *f)*, do Aviso do BdP nº 5/2008. Cabe apenas precisar, estabelecendo aqui um paralelismo com o artigo 305º-F, nº 1, do CdVM, que a locução «decorrentes de violações ou da não conformidade», a nosso ver, atentos os princípios subjacentes ao sistema de controlo interno, não diz apenas respeito a irregularidades já consumadas, mas também àquelas que «estejam a ser executadas ou que, à luz dos elementos disponíveis, se possa prever com grande probabilidade que venham a ser praticadas».

compliance. Ao invés, cabe ao órgão de administração assegurar que a instituição adota categorias de risco que, no seu conjunto, abranjam todos os fatores associados aos eventos de risco a que a instituição está ou possa vir a estar sujeita[54]. E identificou na Instrução nº 18/2020, nas categorias de risco, justamente, o «risco de conformidade»[55], como integrando a subcategoria «outros riscos»[56], embora não o definindo. Ademais, continuamos a encontrar no texto do Aviso do BdP nº 3/2020 referência ao "risco de incumprimento"[57].

Quanto à sua caracterização, «a conformação do risco de «compliance» envolve três momentos ou vertentes distintas e complementares: a causa ou origem, que se reconduz sempre ao desajustamento da realidade da instituição face aos deveres que a oneram; a materialização do perigo de conformidade operada pela produção das consequências desfavoráveis, de diverso tipo, que suporta em razão dela; a determinação e avaliação dos impactos que elas acarretam no plano da situação económico-financeira»[58].

A definição que encontrávamos no Aviso do BdP nº 5/2008 divergia da constante do documento elaborado pelo Comité de Basileia em supervisão bancária, na medida em que a primeira não inclui a perda de reputação como facto suscetível de constituir risco de *compliance* (incumprimento[59]). Com efeito, para o Comité, o risco de *compliance* define-se como «[...] *the risk of legal or regulatory sanctions, material financial loss, or loss to reputation a bank may suffer as a result of its failure to comply with*

[54] Artigo 21º, nº 1.

[55] Uma vez mais substituindo *compliance* por conformidade.

[56] Anexo I da Instrução nº 18/2020.

[57] No artigo 28º, nº 1, alude-se ao «risco de incumprimento de obrigações legais, regulamentares e outros deveres [...]». Antecipamos, por isso, que na definição das categorias de risco, as instituições continuarão, no que se refere ao agora denominado «risco de conformidade», a socorrer-se da definição constante do Aviso do BdP nº 5/2008, já revogado.

[58] LABAREDA, João (2014), p. 32.

[59] O «risco de reputação» era definido autonomamente na alínea j) do nº 4 do artigo 11º do Aviso do BdP nº 5/2008. À semelhança do que se referiu a propósito do risco de *compliance*, atualmente também não encontramos no Aviso do BdP nº 3/2020 uma definição para risco de reputação, embora o mesmo esteja consagrado no Anexo I à Instrução do BdP nº 18/2020 (sob a designação «risco reputacional»).

laws, regulations, rules, related self-regulatory organization standards, and codes of conduct applicable to its bank activities [...]»[60].

Em nossa opinião, o risco de *compliance* deve conter, pelo menos, as seguintes dimensões: risco de continuidade de negócio, risco pecuniário e sancionatório e risco reputacional.

As irregularidades que podem consubstanciar situações de risco de *compliance* são, dada a amplitude da respetiva definição, as mais variadas. Em causa está, designadamente, a prática de crimes, de contraordenações, infrações disciplinares, o incumprimento contratual, enfim, o incumprimento de deveres legais ou deveres não legais que possam gerar consequências desfavoráveis para a IC, mormente no plano económico, financeiro e reputacional. No entanto, estando o objeto do nosso estudo intrinsecamente ligado ao BdP, centrar-nos-emos nas contraordenações que a este cabe sancionar.

Dos vetores acima descritos surge o dever legal de as IC criarem e implementarem medidas e procedimentos destinados a prevenir, detetar e reagir a riscos de *compliance*. Um dos procedimentos reativos de que a instituição pode lançar mão, para o efeito é, conforme referimos, as investigações internas, que passaremos a tratar.

2. As Investigações internas
2.1. Definição e objeto

Do acima exposto resulta que as investigações internas derivam do sistema de controlo interno (e do exercício da respetiva função de *compliance*), integrando-o e garantindo-lhe eficácia[61]. As investigações inserem-se na função de *compliance* enquanto medida ou procedimento que se destina a reagir a riscos de incumprimento das obrigações legais e dos deveres a que as instituições se encontram sujeitas, isto é, riscos de *compliance*[62].

[60] *Compliance and compliance function in banks*, p. 7, disponível em https://www.bis.org, acessível em 25.01.2020.

[61] Por razões de economia referir-nos-emos adiante ao sistema de controlo interno, abarcando este, em sentido estrito, o (sub)sistema de controlo de cumprimento e a função de *compliance*.

[62] «*The stage of investigation involves a firm's policies and practices targeted at determining the existence of and, if relevant, scope of the compliance failure. Investigation requires discovering the facts surrounding the failure, so that decision makers at the firm are equipped with a sufficient amount of*

Estas podem assim ser definidas[63] como um mecanismo de averiguação reativo, integrado no sistema de controlo interno, na respetiva função de *compliance*, e que, face a uma suspeita de risco de *compliance*, materializado ou não, visa (i) apurar se a suspeita se confirma, (ii) identificar as pessoas envolvidas, com o objetivo último de (iii) reagir, controlando as consequências potenciais ou reais daquele risco, mediante a definição e a implementação de medidas para o efeito destinadas[64].

As investigações internas não constituem um mecanismo de controlo ou de monitorização periódico ou aleatório destinado à deteção de riscos de *compliance*, tratando-se, ao invés, de um mecanismo reativo acionado em consequência do conhecimento de uma suspeita de irregularidade[65] que constitua um tal risco.

Cabendo à IC definir e formalizar, em documento, os procedimentos inerentes ao sistema de controlo interno[66], também as investigações internas, enquanto procedimento integrante daquele sistema, estarão definidas e formalizadas em documento. Neste podem prever-se aspe-

knowledge to make informed decisions about the appropriate next steps» – MARTINEZ, Verónica Root (2019), pp. 223 e 224.

[63] EIKE BICKER, CHRISTIAN STEINLE e CHRISTOPH SKOUPIL, tomando por referência o ordenamento jurídico alemão – advertindo que, à data, não existem disposições legais específicas que obriguem as empresas a conduzirem investigações –, definem investigações internas como «[...] *a formal procedure that seeks to establish whether obligations applying under the relevant law or internal corporate regulations have been violated, and possibly define the corrective measures»* – BICKER, Eike, STEINLE Christian e SKOUPIL, Christoph (2020). Por seu turno ADÁN NIETO MARTÍN define investigações internas do seguinte modo: «[...] *una herramienta de cumplimiento de carácter reactivo, que se activa por la existencia de una sospecha de irregularidade.»* – MARTÍN, Adán Nieto (2015), p. 232.

[64] O Aviso do BdP nº 5/2008 não regulava, em concreto, as investigações internas. Nesse aspeto, como veremos adiante, o Aviso do BdP nº 3/2020 constitui um passo considerável, na medida em que nele se refere e se reconhece, em diversas ocasiões, a necessidade de se realizarem investigações internas, ainda que para um caso muito específico, a saber: o do mecanismo de participação de irregularidades, previsto no artigo 115º-X do RGICSF. Em nossa opinião, pela importância que representa no sistema de controlo interno, este diploma teria constituído uma boa oportunidade para surgirem reguladas, com maior amplitude e densificação, as investigações internas.

[65] O termo "suspeita" é aqui utilizado no sentido de factos que constituem risco de *compliance*, embora ainda não comprovados.

[66] Artigo 62º do Aviso do BdP nº 3/2020. Dever que já se encontrava consagrado no artigo 3º, nº 4, do Aviso do BdP nº 5/2008.

tos tão elementares como (i) o modo de iniciar uma investigação, (ii) a competência para lhe dar início e dirigi-la, (iii) que elementos podem ser recolhidos e (iv) o destino a dar a tais elementos, enfim todos os aspetos relevantes à tramitação deste procedimento interno.

As investigações, enquanto procedimento interno da instituição, podem afetar direitos fundamentais como a reserva da intimidade da vida privada, devendo estar, por isso, como refere a doutrina, sujeitas a regras bem definidas[67]. Com efeito, no acesso a documentos internos da empresa e nas entrevistas a trabalhadores estão em causa matérias sensíveis, não só do ponto de vista negocial ou comercial, mas da própria reserva da vida privada das pessoas envolvidas, circunstância que requer cautelas e sobretudo (auto)regulação.

Pode dizer-se que na investigação conduzida pela IC existe já um certo grau de privatização da regulação e da justiça, na medida em que a instituição atua, em certa medida, como uma extensão ou braço coadjuvante do Regulador na supervisão[68]: o Regulador, ao impor apertados mecanismos de controlo interno às IC, está, pelo menos, em parte, a assumir funções de supervisão de segunda linha, cometendo à instituição a tarefa principal de policiamento[69].

Esta circunstância traz evidentes vantagens, pois seria praticamente impossível ao Regulador supervisionar todas as IC com a extensão e o grau de profundidade necessários que a preservação e a estabilidade do sistema financeiro exigem. Com efeito, quem melhor do que a própria IC para controlar, através de uma função independente, a sua atividade, detetando e investigando riscos de *compliance*? Tal circunstância define o modelo relacional entre a IC e o Regulador: se o sistema de controlo interno da IC funcionar de modo pleno, eficaz e independente, o Regulador poderá ter maiores certezas de que a fiscalização que a própria IC exerce sobre si mesma funciona.

Coloca-se também a questão de saber se as investigações internas constituem um elemento essencial de um sistema de controlo interno.

[67] MARTÍN, Adán Nieto (2015a), p. 232.

[68] Veja-se, a propósito, da chamada "delegação" do poder público, GERALDO, Tiago (2018), p. 276.

[69] O Regulador tem a tarefa de fiscalizar a resiliência do sistema de controlo interno da instituição, mas é a esta que cabe, através daquele sistema, cumprir e fazer cumprir as normas aplicáveis.

Isto é, se a ausência de mecanismos de averiguação reativos a suspeitas de risco de *compliance* permite concluir pela ausência de solidez do sistema de controlo interno.

Da nossa parte, entendemos que a IC deve dispor de mecanismos de averiguação reativos às suspeitas de risco de *compliance* e aos riscos de *compliance*. Se perante uma suspeita de risco de *compliance* ou perante um evento de não *compliance* a instituição ficar inerte, não desencadeando os correspondentes mecanismos reativos, tal circunstância pode constituir um indício claro de que o seu sistema de controlo interno não é adequado, na medida em que – sistematicamente – não é capaz de reagir a eventos que trazem ou podem trazer consequências desfavoráveis não só para a própria instituição, mas também para o sistema financeiro. Ora, ainda que tais mecanismos reativos possam variar em termos de conteúdo e extensão, o que se afigura verdadeiramente relevante é que a instituição seja efetivamente capaz de reagir e de o fazer porque tem um sistema coerente e estruturado nesse sentido.

Em todo o caso, importa esclarecer que o facto de a instituição, num determinado caso, não reagir a uma suspeita de risco de *compliance* ou a um evento de não *compliance* não permite necessariamente extrair a conclusão de que a mesma não dispõe de um sistema de controlo adequado e sólido: se a falha ocorrer não obstante se demonstrar que os mecanismos de averiguação estavam implementados e que, em circunstâncias normais, tal falha não ocorreria, muito provavelmente não será possível afirmar, sem mais, que estamos diante de um sistema de controlo interno não resiliente.

2.2. Das modalidades das investigações internas

A doutrina distingue diversas classificações de investigações internas, consoante o respetivo objeto[70]. Adiante passamos a indicar aquelas que nos parecem fazer sentido no universo das investigações internas realizadas pelas IC.

Em primeiro lugar, investigações em sentido estrito de investigações em sentido amplo, «consoante participem no esclarecimento dos factos somente advogados externos ou também membros da própria empresa,

[70] Para uma classificação alargada, a respeito das empresas em geral, *vide* Cuadras, Albert Estrada I e Anglí, Mariona Llobet (2014), pp. 157 a 159.

respetivamente»[71]. Com efeito, conforme referimos, nada obsta a que a investigação fique a cargo de uma entidade externa, designadamente de um advogado ou de um escritório de advogados, desde que nas condições mais bem descritas *supra*.

Em segundo lugar, investigações de carácter nacional de investigações de carácter internacional, consoante se trate de pessoas coletivas nacionais ou internacionais (ou de âmbito internacional)[72]. Será o caso, por hipótese, de uma IC com sede em Portugal determinar a abertura de uma investigação interna numa sua sucursal no estrangeiro.

A doutrina distingue, em terceiro lugar, investigações pré-judiciais de investigações para-judiciais. Nas primeiras, como o próprio nome indica, os factos não têm ainda relação com qualquer processo judicial, antecedendo-o. Nas segundas, ao invés, averiguam-se factos que já são investigados num processo judicial (em nossa opinião, extensível a processos de contraordenação), sendo, porventura, através desse processo e da respetiva publicidade que a instituição tem conhecimento dos factos em causa[73-74].

Adicionalmente, propomos distinguir investigações imediatas das investigações internas diferidas, consoante seja ou não possível, após o conhecimento dos factos pela instituição, dar início à investigação. A título de exemplo, parece-nos que, tendo a instituição tomado conhecimento dos factos através de um inquérito criminal ou de um processo de contraordenação que se encontrem sujeitos a segredo de justiça, esta pode, na prática, ter de suster o início da investigação, na medida em que (e se) essa atividade tenha como consequência a revelação a terceiros de factos sujeitos a segredo[75].

[71] Tradução livre do texto original: «*según participen e el esclarecimiento de los hechos solamente abogados o también miembros de la propia empresa, respectivamente*» – MONTIEL, Juan Pablo (2013), pp. 260.

[72] MONTIEL, Juan Pablo (2013), pp. 260.

[73] MONTIEL, Juan Pablo (2013), pp. 261.

[74] Por hipótese, a instituição inicia uma investigação interna na sequência da acusação em processo penal deduzida contra membros do órgão de administração. Neste caso, a instituição tem conhecimento de factos que podem constituir risco de *compliance* em consequência da existência de um processo-crime.

[75] O dever de segredo não se esgota no segredo de justiça, abrangendo também o chamado "segredo de supervisão" (artigo 80º do RGICSF).

2.3. Da competência para iniciar, dirigir e realizar uma investigação

Nos termos do disposto no artigo 15º, nº 2, do RGICSF, a gestão corrente da instituição é confiada ao órgão de administração, que detém poderes de orientação efetiva da atividade da instituição[76].

Por seu turno, dispõe o artigo 12º, nº 1, alínea b), do Aviso do BdP nº 3/2020 que «o órgão de administração da instituição estabelece e mantém um sistema de controlo interno [...] com o objetivo de garantir a sustentabilidade da instituição no médio e longo prazo e o exercício prudente da sua atividade, através [...] b) Da adequada identificação, avaliação, acompanhamento e controlo dos riscos a que a instituição está ou pode vir a estar exposta», sendo «[...] globalmente responsável por uma adequada gestão de todos os riscos a que a instituição está ou pode vir a estar exposta.[77]».

O órgão de administração é igualmente responsável por implementar um sistema de gestão de riscos, que tem como objetivo a identificação, avaliação, acompanhamento e controlo de todos os riscos[78].

Da leitura das disposições acima referidas decorre que o órgão de administração é o centro nevrálgico do sistema de controlo interno, o seu expoente máximo[79], competindo-lhe, portanto, definir e implementar um sistema com as características atrás assinaladas[80]. Porém, é a partir e através das funções que integram o sistema de controlo interno, que o órgão de administração colhe a concretização necessária para a efetivação do sistema por si desenhado.

Ora, por caber, em especial, à função de *compliance*, o dever de controlar o cumprimento das obrigações e dos deveres a que as IC se encontram sujeitas, parece-nos que é também a esta função que compete iniciar e dirigir uma investigação.

Cabendo à função de *compliance* iniciar uma investigação, a direção da investigação é da competência do respetivo responsável. Ao respon-

[76] Artigo 15º, nº 1, do RGICSF.

[77] Artigo 19º, nº 4, do Aviso do BdP nº 3/2020.

[78] Artigo 19º, nº 1, do Aviso do BdP nº 3/2020.

[79] É, aliás, essa a tónica que ressalta ao longo de todo o Aviso do BdP nº 3/2020.

[80] Não obstante, como se referiu, o órgão de administração assuma um papel central na definição e na implementação do sistema de controlo interno, este deve assegurar que as funções de controlo, mormente a função de *compliance*, atuam de modo independente (artigo 15º, nº 2, do Aviso do BdP nº 3/2020).

sável por aquela função compete definir as traves-mestras da investigação, delimitando a atuação dos seus subordinados, em especial – no que releva para efeitos do presente trabalho – em matéria de recolha de elementos.

Questão distinta prende-se com a circunstância de saber quem deve realizar a investigação.

Conforme se referiu, compete à função de *compliance* investigar um determinado risco de *compliance*, cabendo-lhe, em especial, iniciar e dirigir (pela mão do respetivo responsável) a investigação. Por via de regra, exclui-se «a possibilidade de externalização da função [de cumprimento], ancorada num qualquer regime de prestação de serviços. [...] Contudo, tarefas específicas que possam ser abrangidas nesse expediente, devem elas ficar sempre sujeitas à supervisão do responsável de cumprimento»[81]. A condução de investigações internas é uma tarefa específica.

Consentâneo com este entendimento é o já citado documento produzido pelo Comité de Basileia, referindo, a este propósito, que deve estar expressamente prevista em documento a possibilidade de a função de *compliance* «conduzir investigações a possíveis quebras da política de compliance e o direito de designar especialistas externos para desempenharem a tarefa, caso tal seja apropriado»[82].

No plano regulamentar nacional, dispõe o Aviso do BdP nº 3/2020 que «[a]s instituições podem subcontratar tarefas operacionais das funções de controlo interno, caso a subcontratação não tenha impacto negativo na eficiência do sistema de controlo interno e desde que obtido o prévio consentimento dos órgãos de administração e fiscalização»[83], devendo a subcontratação, em qualquer caso, ocorrer a título ocasional, salvo situações excecionais, devidamente fundamentadas[84].

Não obstante admitamos que o artigo 36º do Aviso do BdP nº 3/2020 não tenha sido especificamente pensado para a subcontratação da tarefa de levar a cabo uma investigação interna, parece-nos que tal possibilidade tem cabimento no âmbito do aludido preceito. Entendemos, por

[81] Labareda, João (2014), p. 44.

[82] Tradução livre do texto original: «*conduct investigations of possible breaches of the compliance policy and to appoint outside experts to perform the task if appropriate*» in «*Compliance and compliance function in Banks*», p. 11, disponível em https://www.bis.org, acessível em 25.01.2020.

[83] Artigo 36º, nº 1, do Aviso do BdP nº 3/2020.

[84] Artigo 36º, nº 2, do Aviso do BdP nº 3/2020.

isso, que, constituindo a investigação de riscos de *compliance* tarefa específica da função de *compliance*, nada impede que a mesma seja subcontratada a uma entidade externa, por hipótese, um advogado, na qualidade de especialista, desde que (i) seja de ocorrência ocasional, (ii) autorizada pelo órgão de administração e de fiscalização e que (iii) a condução da investigação esteja necessariamente sob a supervisão do responsável por aquela função[85]. É, no entanto, essencial assegurar que o advogado em questão, não se encontra inscrito ou registado em jurisdição com um regime legal que preveja proibições ou restrições que impeçam ou limitem o cumprimento, pela instituição, das normas legais e regulamentares que regem a respetiva atividade, incluindo ao nível da prestação e da circulação de informação[86].

Em suma, a investigação de riscos de *compliance* é iniciada, dirigida e realizada pela função de *compliance*, não obstante nada impeça a (sub) contratação de uma entidade externa para desempenhar as referidas funções, desde que sejam observadas as condições acima assinaladas[87].

2.4. Das fases da investigação

2.4.1. Da abertura da investigação

Conforme se referiu, as investigações internas têm carácter reativo, *i. e.*, iniciam-se na sequência da tomada de conhecimento de um risco de *compliance*.

São várias as fontes de conhecimento de um determinado risco de *compliance*. Este pode provir, designadamente, (i) de uma participação[88],

[85] Artigo 36º, nº 7, do Aviso do BdP nº 3/2020.

[86] Artigo 36º, nº 3, alínea b), do Aviso do BdP nº 3/2020.

[87] Naturalmente que esta é uma caracterização conceptual à luz das atribuições próprias das funções de controlo interno. Cremos que nenhuma consequência desfavorável advirá para a IC se cometer a condução de investigações internas a função de controlo interno distinta da função de *compliance*. Em todo o caso, considerando as atribuições de cada uma das funções de controlo interno, parece-nos que o correto, conceptualmente, é que tal tarefa fique a cargo da função de *compliance*.

[88] Feita diretamente a um superior hierárquico ou através do "canal de denúncias" (artigo 115º-X, nº 1, do RGICSF ou artigo 305º-F do CVM, por exemplo). De acordo com as orientações da EBA em matéria de governo interno, «[a] fim de evitar conflitos de interesses, deverá ser possível comunicar infrações fora dos canais normais de transmissão de informações (p. ex., através da função de verificação do cumprimento, da função de auditoria

(ii) de um relatório de auditoria de *compliance,* (iii) da imprensa[89] ou (iv) de um processo que, designadamente, corra termos num tribunal ou numa autoridade administrativa[90].

Começando pelas comunicações de práticas irregulares, «[a]s instituições de crédito implementam os meios específicos, independentes e autónomos adequados de receção, tratamento e arquivo das participações de irregularidades graves com a administração, organização contabilística e fiscalização interna e de indícios sérios de infrações a deveres previstos no Regime Geral ou no Regulamento (UE) nº 575/2013 [...]»[91-92].

Acresce que «[a]s participações recebidas nos termos dos números anteriores são analisadas, sendo preparado um relatório fundamentado, que contém as medidas adotadas ou a justificação para a não adopção de quaisquer medidas»[93].

Embora a letra da lei não determine expressamente a abertura de uma investigação em caso de comunicação de práticas irregulares, o certo é que, ao estipular a respetiva análise, a elaboração de um relatório fundamentado e, bem assim, de um relatório anual que deve conter «o resultado da investigação»[94], está, necessária e implicitamente, a pressupor a condução, pela IC, de um conjunto de diligências destinadas (i) à comprovação da participação, *rectius*, à condução de uma investigação e (ii) à correção do risco de *compliance* detetado e comprovado[95].

interna ou de um procedimento independente de denúncia a nível interno). Os procedimentos de alerta devem assegurar a proteção dos dados pessoais quer da pessoa que comunica a infração quer da pessoa singular que é alegadamente responsável pela infração, nos termos da Diretiva 95/46/CE» (p. 31) disponíveis em: https://eba.europa.eu, acessível em 22.01.2020.

[89] Fazendo referência à imprensa, Martín, Adán Nieto (2015a), p. 232.

[90] A este propósito, ver ponto 2.2. *supra* (modalidade para-judicial).

[91] Artigo 115º-X, nº 1, do RGICSF.

[92] Encontramos no artigo 305º-F do CdVM preceito legal similar, regulando a comunicação interna de factos, as provas e as informações.

[93] Artigo 115º-X, nº 4, do RGICSF, densificado pelo artigo 35º, nº 2, alínea f), do Aviso do BdP nº 3/2020.

[94] Cfr. artigo 8º, nº 1, alínea b), parágrafo vi) da Instrução do BdP nº 18/2020.

[95] Por se afigurar um lugar paralelo, tem interesse referir o artigo 305º-F do CVM, que vai mais longe em termos de densificação, merecendo destaque o dever de descrever as dili-

Ademais, o conhecimento de suspeitas de irregularidades que possam constituir risco de *compliance* pode ter origem, conforme se referiu *supra,* em quaisquer ações e avaliações periódicas e ou extraordinárias de controlo no exercício do processo de monitorização do sistema de controlo interno (auditorias de *compliance*)[96].

Coloca-se, nesta sede, a questão de se saber se toda e qualquer irregularidade que constitua risco de *compliance* gera, para a IC, o dever de iniciar diligências destinadas a investigá-la e a comprová-la ou se, pelo contrário, tal dever apenas existe em relação a determinadas irregularidades, porventura em função da gravidade que se lhes atribua[97].

gências internas efetuadas de averiguação da factualidade participada, bem como os meios de prova usados para tal.

[96] Designam-se por auditorias de *compliance,* as ações ou avaliações conduzidas pela IC com uma base contínua ou periódica, por vezes diária, sem que haja prévio conhecimento da existência de um qualquer risco de *compliance,* que têm em vista avaliar o nível de eficácia do sistema de gestão de *compliance* da IC. «*La auditoria, y sea realizada por los servicios propios de la empresa (auditoria interna) o por una auditoria externa, tiene como función comprobar el grado de funcionamiento del sistema, sin que existan sospechas de que se ha cometido algún tipo de irregularidad. Por el contrario, la investigación interna parte de la sospecha de que se ha cometido una irregularidad. Como ya se ha dicho tiene carácter reactivo.*» – Martín, Adán Nieto (2015), p. 232. As auditorias de *compliance,* para além de integradas no sistema de controlo interno, inserem-se no respetivo processo de monitorização, enquanto «[...] ações e avaliações de controlo desenvolvidas pelas instituição com vista a garantir a adequação e eficácia da cultura organizacional da instituição e dos sistemas de governo e controlo interno, nomeadamente, através da identificação de deficiências na conceção dos controlos, incluindo as relacionadas com a inexistência de controlos, e na sua implementação» – Artigo 31º, nº 1, do Aviso do BdP nº 3/2020 (corresponde parcialmente ao artigo 21º, nº 1, do Aviso nº 5/2008). No entanto, ao contrário das auditorias de *compliance* que têm carácter de deteção, as investigações surgem na sequência de um concreto conhecimento, tendo, por essa razão, conforme se referiu, carácter reativo. Donde não é de estranhar que a auditoria de *compliance* possa, por vezes, constituir a génese de determinada investigação interna, bastando pensar na seguinte situação: o risco de *compliance* detetado em sede de auditoria de *compliance,* a montante, é, depois, investigado, a jusante, numa investigação interna que lhe sucede. Numa situação como esta, a investigação interna é desencadeada na sequência de um mecanismo de monitorização que, de forma estandardizada, detetou determinado risco de *compliance,* ulterior e autonomamente investigado em procedimento interno que lhe é dedicado.

[97] A título de exemplo, embora a respeito de uma matéria distinta, o artigo 115º-X, nº 1, do RGICSF, dispõe que apenas existe obrigação de comunicação relativamente a irregularidades graves (embora o legislador não especifique o que se entende por irregularidade grave). Para uma abordagem mais densificada sobre o tema das participações de irregularidades

Ao contrário da generalidade das empresas em mercado não regulado, no domínio das IC, estas devem dispor necessariamente de um sistema de controlo interno – assente num sistema e numa função de *compliance* permanente e efetiva –, que visa, entre outros aspetos, garantir «[...] a adequação e a eficácia das medidas e procedimentos adotados para detetar qualquer risco de incumprimento das obrigações legais, regulamentares e outros deveres a que a instituição se encontra sujeita, bem como das medidas tomadas para corrigir eventuais deficiências detetadas[98]». Esta função está encarregada de prestar imediatamente «aos órgãos de administração e de fiscalização toda a informação de que dispõe sobre quaisquer indícios de violação de obrigações legais e regulamentares a que a instituição se encontra sujeita, de regras de conduta e de relacionamento com clientes ou de outros deveres que possam fazer incorrer a instituição ou os seus colaboradores num ilícito de natureza contraordenacional ou causar impacto reputacional negativo»[99].

Parece-nos, por isso, que a tomada de conhecimento, pela instituição, máxime, pelos seus órgãos de administração, pela função de *compliance* ou pelo seu responsável, de suspeitas de irregularidades que consubstanciem riscos de *compliance*, acarreta o dever reagir, *rectius*, o dever de desencadear as diligências necessárias e destinadas à respetiva investigação e comprovação.

Em suma, parece-nos que, atentas as finalidades do sistema de controlo interno, compete à função de *compliance* dar início a uma investigação sempre que a IC, por via dos seus órgãos e funções competentes, tomar conhecimento de quaisquer suspeitas de irregularidades[100] que constituam riscos de *compliance*[101].

e sobre o conceito de irregularidade grave, *vide* EÇA, Catarina Salazar de (2017), pp. 9 e seguintes.

[98] Artigo 28º, nº 1 alínea *a)*, do Aviso do BdP nº 3/2020.

[99] Artigo 28º, nº 1, alínea *h)*, do Aviso do BdP nº 3/2020.

[100] Em nossa opinião, atentas as características do sistema de controlo interno e respetivas funções, em especial da função de *compliance*, parece-nos deve ser iniciada uma investigação independentemente do concreto grau de suspeita. Se a suspeita se mostrar infundada, pois será esse o resultado da investigação. Ao invés, em sentido aparentemente contrário, cumpre mencionar que, de acordo com a EBA uma investigação somente deve ser iniciada se existir um grau de certeza suficiente (Orientações sobre governo interno, p. 31, disponíveis em https://eba.europa.eu, acessível em 22.01.2020).

2.4.2. Da recolha de elementos na investigação

No decurso da investigação serão recolhidos[102] e analisados diversos elementos destinados a comprovar ou a afastar uma determinada suspeita de risco de *compliance*. Nesse sentido, cabe à função de *compliance* ou ao terceiro por esta designado levar a cabo todas as diligências necessárias à averiguação do risco de *compliance* detetado.

2.4.3. Do relatório final e comunicação do resultado da investigação

A final será produzido um relatório fundamentado, que será apresentado ao órgão de administração[103]. Este conterá: (i) a descrição dos factos, das diligências realizadas e, bem assim, dos elementos recolhidos e produzidos[104], a qualificação jurídica dos factos e as respetivas consequências jurídicas[105], a descrição das medidas tomadas ou a tomar para corrigir eventuais deficiências no respetivo cumprimento, contendo uma (re)avaliação do sistema de controlo interno[106] e (iii) a justificação para a não adoção de quaisquer medidas[107].

[101] «Realmente, de cada vez que há uma fractura neste propósito [o bem do cumprimento], nasce necessariamente o perigo de se produzirem consequências desfavoráveis para a instituição infractora» – Labareda, João (2014), p. 31.

[102] Para maiores desenvolvimentos, *vide* Capítulo II *infra*.

[103] Artigo 28º, nº 1, alínea h), do Aviso do BdP nº 3/2020. Relevante era também o já revogado 17º, nº 1, alínea *d)*, do Aviso do BdP nº 5/2008. De acordo com as orientações da EBA em matéria de governo interno, «os procedimentos de alerta a nível interno devem: [...] assegurar que as infrações potenciais ou reais denunciadas são avaliadas e transmitidas ao nível hierárquico superior, incluindo, se for caso disso, à respetiva autoridade competente ou agência responsável pela aplicação da lei [...]» (p. 32), disponíveis em: https://eba.europa.eu, acessível em 22.01.2020.

[104] Neste sentido, Martín, Adán Nieto (2015a), p. 258. Encontramos acolhimento desta solução no que respeita às investigações internas que têm lugar na sequência de participações de irregularidades (artigo 8º, nº 1, alínea b), subparágrafo iv) da Instrução do BdP nº 18/2020). Sendo também de destacar, pela sua similitude, o artigo 305º-F, nº 4, alínea *a)*, do CdVM.

[105] Encontramos acolhimento desta solução no artigo 8º, nº 1, alínea b), subparágrafo iii) da Instrução do BdP nº 18/2020 e, bem assim, no artigo 305º-F, nº 4, alínea *d)*, do CdVM.

[106] Martín, Adán Nieto (2015a), p. 258.

[107] Artigo 115º-X, nº 4, do RGICSF, no caso específico do mecanismo de participação de irregularidades.

Quanto à forma do relatório, parece-nos ser boa prática[108] que o mesmo seja reduzido a escrito, devendo ser conservado[109].

De referir também que as IC estão obrigadas a apresentar ao BdP um relatório anual com a indicação sumária das participações recebidas e do respetivo processamento[110], o que significa que as conclusões constantes do relatório final, coincidindo o risco de *compliance* com irregularidades contempladas no artigo 115º-X do RGICSF, devem ser sumariamente dadas a conhecer à entidade reguladora.

[108] Mesmo nos casos em que tal imposição não resulte diretamente do artigo 115º-X do RGICSF (por não estar em causa a participação de uma irregularidade), parece-nos que o relatório deve ser reduzido a escrito e conservado.

[109] O artigo 115º-X, nº 5, do RGICSF estabelece um prazo de conservação de 5 anos. O artigo 305º-F, nº 6, do CVM estabelece um prazo idêntico de conservação. *Vide* igualmente o artigo 20º, nº 5, e o artigo 51º, ambos da Lei nº 83/2017 (estabelecendo um prazo de conservação de 7 anos).

[110] Artigo 115º-X, nº 7, do RGICSF e artigo 8º da Instrução do BdP nº 18/2020.

CAPÍTULO II
Da Recolha de Elementos nas Investigações Internas

1. Introdução

Conforme referimos, o objeto da investigação consiste numa determinada suspeita de risco de *compliance*. Através da investigação procede-se à averiguação e à comprovação (internas) dos factos sob suspeita, tendo em vista a ulterior neutralização ou, pelo menos, mitigação do risco de *compliance*.

A investigação contém uma necessária fase de recolha de elementos com base nos quais o investigador formula e suporta as conclusões que fará verter no seu relatório subsequente. Tais elementos constituem a prova.

A prova é, seja qual for a natureza do processo – penal, civil, disciplinar ou outro –, «a atividade desenvolvida [...] no sentido do convencimento da realidade de um facto»[111]. O objeto da prova é, pois, o «facto juridicamente relevante»[112-113]. Não obstante prova e objeto da prova tenham uma conotação associada a um processo, socorrer-nos-emos dessa mesma terminologia no contexto das investigações internas, para que possamos identificar realidades similares e lugares paralelos com maior facilidade.

Nesse sentido, o "objeto da prova", no contexto de uma investigação interna, consiste em qualquer facto suscetível de demonstrar, isolada

[111] Pimenta, Paulo (2014), p. 336.

[112] Albuquerque, Paulo Pinto (2018), p. 329.

[113] Nos termos do disposto no artigo 341º do CC, «[a]s provas têm por função a demonstração da realidade dos factos».

ou conjuntamente, a verificação de determinado risco de *compliance*[114]. A atividade de demonstração da realidade dos factos, por seu turno, «passa pela utilização de meios susceptíveis de assegurar aquele convencimento, ou seja, passa pela utilização de meios de prova»[115-116].

A recolha de elementos (prova) no contexto de uma investigação interna é feita por particulares (o investigador, independentemente de quem, em concreto, seja investido nessa qualidade). Estes atuam desprovidos de poderes públicos, circunstância que suscita diversas questões quanto aos elementos que podem ser recolhidos e utilizados no decurso da investigação.

Para fins estritamente académicos, procedemos à análise de diversas políticas de comunicação de irregularidades[117] (artigo 115º-X, do RGICSF), sendo possível verificar, como traço comum a cada uma delas, o seguinte: (i) não regulam exaustivamente as investigações e, (ii) em

[114] Artigo 11º, nº 4, alínea *f)*, do já revogado Aviso do BdP nº 5/2008: «a probabilidade de ocorrência de impactos negativos nos resultados ou no capital [*in casu*, da IC], decorrentes de violações ou da não conformidade relativamente a leis, regulamentos, determinações específicas, contratos, regras de conduta e de relacionamento com clientes, práticas instituídas ou princípios éticos, que se materializam em sanções de carácter legal, na limitação de oportunidades de negócio, na redução do potencial de expansão ou na impossibilidade de exigir o cumprimento de obrigações contratuais». Conforme referimos, apesar de não surgir definido, este risco encontra-se expressamente incluído no catálogo de riscos previsto no Anexo I à Instrução do BdP nº 18/2020, que regulamenta o Aviso nº 3/2020.

[115] Pimenta, Paulo (2014), p. 337.

[116] Na perspetiva do Direito Penal, «As provas – enquanto meios de prova – são os elementos com base nos quais os factos relevantes podem ser demonstrados» (cfr. Mendes, Paulo Sousa (2004), p. 133). «Os meios de prova formam-se no momento da sua própria produção no processo, visando a "reprodução" ("avaliação") do facto e, nessa medida, constituindo um meio de aquisição para o processo de uma prova "posterior" à prática do crime.» (Albuquerque, Paulo Pinto (2018), p. 331)

[117] A título de exemplo, (i) Caixa Central – Caixa Central de Crédito Agrícola Mútuo, C.R.L, disponível em http://www.creditoagricola.pt; (ii) Bankinter, S.A. – Sucursal em Portugal, disponível em http://www.bankinter.pt; (iii) Banco Comercial Português, S.A., disponível em http://www.millenniumbcp.pt; (iv) Novo Banco, S.A., disponível em http://www.novobanco.pt e (v) Banco Efisa, disponível em http://www.bancoefisa.pt, acessível em 20.06.2020.

matéria de recolha de elementos, não estipulam qualquer restrição quanto ao respetivo conteúdo e alcance[118].

Porém, a ausência de regulamentação legal não tem, naturalmente, como consequência a admissibilidade de todo e qualquer meio de prova. Com efeito, não são, desde logo, admissíveis os meios de prova que ponham em causa direitos ou interesses legalmente protegidos, como o bom nome e reputação, a imagem, a palavra e a reserva da intimidade da vida privada e familiar[119]. De igual modo, não são admissíveis os meios de prova recolhidos mediante «tortura, coação, ofensa da integridade física ou moral da pessoa, abusiva intromissão na vida privada, no domicílio, na correspondência ou nas telecomunicações»[120] e, por maioria de razão, todos aqueles que, de uma maneira geral, sejam proibidos nos termos da legislação penal, por ofenderem direitos, liberdades e garantias[121].

Na verdade, apesar de não estarmos no âmbito de uma atividade processual e, muito menos, no âmbito de uma atividade processual conduzida num processo penal, parece-nos indiscutível que as provas e a sua admissibilidade no direito privado devem conformar-se com o disposto no artigo 32º, nº 8, da CRP, e, bem assim, com as normas que dele dimanam, como é especificamente o caso do artigo 126º, nº 3, do CPP[122]. O que vale para o processo penal – processo em que existem, por natureza, potenciais lesões a direitos fundamentais dos arguidos – deve valer, por maioria de razão, para os demais processos e procedimentos, tenham eles natureza pública ou privada.

Acresce que, face ao paralelismo que se estabelecerá adiante entre as investigações internas e o processo disciplinar laboral[123], adiantamos

[118] No caso do Novo Banco, S.A. prevê-se inclusivamente que «o Conselho Geral e de Supervisão desenvolve as diligências que entender necessárias, designadamente, a obtenção de prova [...]», não prevendo quaisquer restrições em matéria de recolha de meios de prova.

[119] Artigo 26º, nº 1, da CRP.

[120] Artigo 32º, nº 8, da CRP, preceito que tem, depois, correspondência aplicada no artigo 126º do CPP.

[121] Artigo 126º do CPP.

[122] O TRP assim sustentou, em termos análogos para o processo civil, através de acórdão proferido no processo nº 10795/08.8TBVNG-A.P1, em 15.04.2010, disponível em http://www.dgsi.pt.

[123] No sentido de tal paralelismo, *vide* Almeida, Joana (2020), p. 68.

que, no processo disciplinar laborar, tem sido sustentada a aplicação do nº 8 do artigo 32º da CRP, reconhecendo entre este processo e o processo criminal, para este efeito, similitude[124-125].

Centrando a questão, o palco das investigações internas é, em regra, o local de trabalho, enquanto espaço físico, no qual o investigador se movimenta, com maiores ou menores restrições, consoante o grau de acesso que lhe seja concedido pelo responsável pela função de *compliance* e/ou pelos dirigentes da instituição[126]. Mas, atendendo a que o suporte da informação com interesse para a investigação não é só físico, mas também digital, a atividade de investigação não se cinge ao espaço físico, abrangendo quaisquer infraestruturas, designadamente servidores alocados à instituição, nos quais seja armazenada a informação. Certo é que, ao movimentar-se no local de trabalho e pelas infraestruturas adjacentes, o investigador tem, em abstrato, potencialmente acesso a diversos elementos que são produzidos na dinâmica e no contexto laboral: designadamente, faturas, contratos, manuais de procedimentos, aos próprios colaboradores e, no que releva para efeitos do presente trabalho, ao conteúdo de mensagens de correio eletrónico.

Como se pode razoavelmente intuir, caso não sejam observados determinados limites, a atividade de recolha desses elementos é suscetível de colidir com direitos fundamentais de trabalhadores ou de terceiros que com aqueles se relacionem[127]. Numa investigação sem limites, o investigador (i) acederá a documentação existente na IC, sem cuidar

[124] Constituem exemplos o acórdão do STJ, proferido no processo 07S043, em 05.07.2007 e o acórdão do TRP, proferido no processo 101/13.5TTMTS.P1, em 09.08.2014, ambos disponíveis em http://www.dgsi.pt. Na doutrina, *vide*, designadamente, ALVES, Lurdes Dias, (2020), p. 21.

[125] Ora, conforme se explanará adiante, parece-nos que o estudo das investigações internas beneficia da extração e subsequente adaptação das regras aplicáveis ao processo disciplinar laboral.

[126] O local de trabalho «corresponde ao lugar físico de cumprimento da prestação de trabalho, o que habitualmente coincide com as instalações da empresa ou com o estabelecimento do empregador.» (RAMALHO, Maria do Rosário Palma (2016), p. 340).

[127] «*Resulta evidente que la empresa que realiza una investigación interna puede aceder a las comunicaciones de sus empleados, al registro de sus llamadas o de páginas web visitadas de un modo más sencillo que el fiscal o el juez. Por lo tanto, los costes de aceso a esa información son menoresque en el processo penal, si bien, en la misma medida en que lo son las garantias.*» – PENA, Ana María Neira (2015), p. 69.

de saber se os factos constantes nos documentos estão abrangidos pelo segredo profissional, (ii) entrevistará trabalhadores sem os informar dos direitos que lhes assistem, bem como o destino que pode ser dado aos respetivos depoimentos, que serão reduzidos a escrito e (iii) acederá ao conteúdo de mensagens de correio eletrónico, independentemente da sua natureza (pessoal ou profissional), com a justificação de que as mesmas podem conter informação relevante para a investigação. A investigação que é conduzida sem limites falha enquanto investigação.

Podemos verificar que a dinâmica gerada no decurso da investigação, decorrente, designadamente, da atividade de acesso a documentos, ao conteúdo de mensagens de correio eletrónico e da recolha de depoimentos de trabalhadores apresenta inegáveis semelhanças com a dinâmica estabelecida entre o empregador, ou instrutor por si nomeado, e os trabalhadores, em sede de um inquérito prévio ou mesmo em sede de um procedimento disciplinar laboral. Na verdade, dado que a investigação interna tem lugar no contexto de uma relação de Direito Privado, parece-nos que o estudo da fase de recolha de prova no contexto de uma investigação interna pode beneficiar de um relativo paralelismo com o trabalho (doutrinário e jurisprudencial) já realizado a propósito do Direito do Trabalho.

2. Das mensagens de correio eletrónico[128]

2.1. Introdução

Com a introdução, nas empresas, das tecnologias de informação e comunicação, a *internet* surge como o meio de comunicação preferencial, designadamente, entre (i) o empregador e os trabalhadores, (ii) entre trabalhadores e (iii) entre a empresa (incluindo os seus trabalhadores) e terceiros que com aquela se relacionem.

Enquanto meio de comunicação, a *internet* oferece serviços de comunicação, nos quais se inserem «o *e-mail*[129], os *newsgroups,* e a comunica-

[128] Pelo especial interesse e atualidade da matéria, e por limitações de exposição, iremos, tão-somente, abordar a recolha deste elemento.

[129] «A comunicação eletrónica é rápida e desmaterializada, poupando os gastos e peripécias do tradicional correio por via postal. Isto não obsta, todavia, a que o *email* envolva um variado conjunto de perigos para a segurança dos dados pessoais de quem através dele envie e receba informações.» – Silveira, Luís Lingnau da (2011), p. 142. «O *e-mail – electronic mail* – é uma caixa de correio eletrónico que utiliza dois tipos de protocolo, o POP 3 e o

ção em tempo real entre os diferentes utilizadores, como é o caso dos *chats*»[130]. Em determinadas condições, tais serviços de comunicação são suscetíveis de ser acedidos pelo empregador, como veremos adiante.

Ora, sucede que, ainda que o trabalhador esteja ciente da possibilidade de o empregador poder, em certas condições, aceder ao conteúdo de determinadas mensagens de correio eletrónico, o certo é que no dia-a-dia, isto é, no decurso da jornada de trabalho, o trabalhador tende a desvalorizar a possibilidade de tal ocorrência, um pouco como aquele que atua num ambiente controlado, sem ter consciência permanente de que "deve sorrir porque está a ser filmado". Ao utilizar tais serviços de comunicação, o trabalhador não é permanentemente destinatário de qualquer aviso ou notificação, e assim, de forma mais ou menos espontânea, acaba por comunicar convicto de que lhe assiste um espaço de liberdade de comunicação que é intransponível. Nessa comunicação, aparentemente livre, ficam registados dados (dados pessoais, dados de tráfego[131] e dados de conteúdo[132]) que podem relevar para a investigação. Podendo relevar, há o risco de serem acedidos e, porventura, recolhidos de forma abusiva.

Estando assente que «ninguém pode interferir [na relação comunicacional], a não ser que se trate de situações expressamente previstas em sede de legislação penal»[133], resta-nos compreender se, e em que condições, pode o investigador aceder ao conteúdo das mensagens de correio

SMTP, para o envio do cliente ao servidor quando aquele solicita visualização do seu correio e entre servidores quando a mensagem é enviada de um cliente para o outro. Assim, o *email*, permite que uma pessoa envie uma mensagem electrónica para outra pessoa ou para um conjunto de endereços electrónicos. A mensagem é, geralmente, armazenada por meios electrónicos num servidor, à espera que o destinatário vá verificar a sua caixa de correio electrónico. Esta mensagem pode ser composta quer por texto, imagem e, por vezes, áudio [...].» – Moreira, Teresa Coelho (2010), p. 37.

130 Moreira, Teresa Coelho (2010), p. 38.

131 A Lei nº 41/2004, de 18 de agosto define os dados de tráfego como «quaisquer dados tratados para efeitos do envio de uma comunicação através de uma rede de comunicações eletrónicas ou para efeitos da faturação da mesma» (artigo 2º, nº 1, alínea d)).

132 Os dados referentes ao conteúdo das comunicações eletrónicas.

133 Neves, Rita Castanheira (2011), p. 29.

eletrónico[134], remetidas ou recebidas por colaboradores[135] da IC na qual a investigação tem lugar.

Situando-se o objeto do nosso estudo no contexto do Direito privado, porventura até no domínio de uma relação laboral, as preocupações com a proteção da privacidade e com a inviolabilidade das comunicações privadas encontram, designadamente, no Direito do Trabalho, no Direito da Proteção de Dados e no Direito Civil, amparo para a generalidade das questões que se possam colocar. O Direito do Trabalho e o Direito da Proteção de Dados têm uma inelutável conexão entre si, devendo, por conseguinte, ser articulados, conforme veremos adiante.

Acresce que no contexto de uma investigação, na tensão que se possa gerar entre a tutela da reserva da vida privada e os meios disponíveis ao investigador para a descoberta da verdade, estes últimos saem claramente vencidos.

Não obstante, é necessário destacar que a aludida tensão não tem paralelo com aquela que possa ocorrer em relação à generalidade das empresas, na medida em que na investigação de uma suspeita de risco *compliance*, que tenha lugar no contexto de uma IC, a imposição de um efetivo e permanente sistema de controlo interno não tem somente em vista a contenção de eventuais consequências desfavoráveis para instituição, que decorram da verificação de determinado risco de *compliance*. Está em causa assegurar a «estabilidade e a sobrevivência» da mesma como pressuposto fundamental da preservação da confiança e da estabilidade do sistema financeiro[136] e do "subsistema" bancário. Resta saber se essa diferente dialética justifica uma compressão do direito à privacidade e do direito à inviolabilidade das comunicações privadas (e se tal compressão encontra amparo na lei).

2.2. O conceito de mensagem de correio eletrónico

Importa, antes de mais, apresentar, ainda que de forma muito sucinta, uma definição de mensagem de correio eletrónico.

[134] Conforme explanaremos adiante, o objeto deste trabalho cinge-se aos dados de conteúdo.

[135] O termo colaborador é aqui propositadamente utilizado, com o intuito de abranger prestadores de serviços e trabalhadores.

[136] Conforme resultava do preâmbulo do Aviso do BdP nº 5/2008 e resulta também do preâmbulo do Aviso do BdP nº 3/2020.

A Lei nº 41/2004, de 18 de agosto[137], é um bom ponto de partida, definindo o correio eletrónico como «qualquer mensagem textual, vocal, sonora ou gráfica enviada através de uma rede pública de comunicações que possa ser armazenada na rede ou no equipamento terminal do destinatário até que este a recolha»[138]. Contudo, esta definição apresenta limitações, na medida em que «se restringe às mensagens enviadas através de comunicações públicas»[139]. No nosso caso, interessa-nos também, pela natureza e objeto do nosso trabalho, as comunicações privadas.

Assim, para efeitos do nosso estudo, por julgarmos acertada, aderimos ao conceito de (mensagem de) correio eletrónico sugerido por Benjamim Silva Rodrigues, a saber: «[f]luxo informacional e comunicacional digital, sob o formato de texto, voz, som, imagem ou gráfico, que é colocado por um assistente ou consumidor de redes ou serviços de comunicações eletrónicas acessíveis ao público, no âmbito de um ciclo internacional e comunicacional (tendencialmente) fechado, através de um ponto terminal de rede, na rede pública de comunicações eletrónicas, conduzida até ao servidor de *mail* ou ao terminal do destinatário do fluxo até que o mesmo proceda à sua recolha, leitura e/ou posterior eliminação»[140].

Por fim, importa delimitar, como daremos nota adiante, que, para efeitos do presente estudo, nos interessa os dados de conteúdo (texto e ficheiros anexos[141]), mas já não os respetivos dados de tráfego[142]. O investigador procederá, nas condições e nos limites adiante descritos, à recolha e à impressão do conteúdo de mensagens de correio eletrónico, sendo esse o documento[143] que será, depois, eventualmente objeto de transferência para o processo contraordenacional.

137 Relativa ao tratamento de dados pessoais e à proteção da privacidade no setor das comunicações eletrónicas.

138 Cfr. alínea b) do nº 1 do artigo 2º.

139 Artigo 1º, nº 2, da Lei nº 41/2004, de 18 de agosto. *Vide*, também, Rodrigues, Benjamim Silva (2008), p. 443.

140 Rodrigues, Benjamim Silva (2008), p. 444.

141 Cardoso, Rui (2018), p. 59.

142 «Percurso percorrido pela mensagem desde a saída da caixa do remetente (*outbox*) até entrar na caixa do destinatário (*inbox*), com registo de cada ponto de passagem e sua data/hora/segundo/fuso horário» – Cardoso, Rui (2018), p. 59.

143 Na definição constante da segunda parte do artigo 362º do CC.

Antes de prosseguirmos, importa percorrer, ainda que de forma sintética, os diversos direitos envolvidos no acesso ao conteúdo de mensagens de correio eletrónico e respetiva recolha.

2.3. Excurso: a tutela dos direitos em causa constitucionalmente consagrados

2.3.1. A tutela do direito à privacidade

Começando pelo direito à privacidade, este tem, no plano internacional, consagração expressa no artigo 8º da CEDH, e, bem assim, no artigo 7º da Carta dos Direitos Fundamentais: «direito que cada um tem de dispor dos seus dados pessoais, não sendo permitido, sem autorização, o acesso aos mesmos por parte de terceiros, bem como a sua divulgação»[144]. No caso *Copland* vs. Reino Unido, o TEDH considerou que as mensagens de correio eletrónico enviadas no local de trabalho têm uma proteção similar às chamadas telefónicas efetuadas por trabalhadores nesse mesmo local[145].

No plano constitucional[146], o direito à privacidade vem consagrado no artigo 26º, nº 1, da CRP[147]. «O conteúdo da mensagem merece, como qualquer outra mensagem privada, uma protecção legal, e até constitucional, por recondução ao artigo 26º da Constituição da República Portuguesa [...][148]».

[144] Neves, Rita Castanheira (2011), p. 261.

[145] Caso Copland vs. Reino Unido, de 03.07.2007, disponível em https://hudoc.echr.coe.int, acessível em 19.04.2019.

[146] O TC formulou a seguinte definição do conteúdo da reserva da vida privada: «o direito de cada um a ver protegido o espaço interior ou familiar da pessoa ou do seu lar contra intromissões alheias, i.e., como um direito a uma esfera privada onde ninguém pode penetrar sem autorização do respetivo titular. No entender do Tribunal, esse direito compreende, por um lado, a autonomia, ou seja, o direito a ser o próprio a regular, livre de ingerências estatais e sociais, essa esfera de intimidade e, por outro, o direito a não ver difundido o que é próprio dessa esfera de intimidade, a não ser mediante autorização do interessado ("direito ao segredo do ser").» (acórdão nº 403/2015, em 27.08.2015, disponível em http://www.tribunalconstitucional.pt)

[147] O artigo 26º, nº 1, da CRP, tem a seguinte redação: «[a] todos são reconhecidos os direitos à intimidade pessoal, ao desenvolvimento da personalidade, à capacidade civil, à cidadania, ao bom nome e reputação, à imagem, à palavra, à reserva da intimidade da vida privada e familiar e à protecção legal contra quaisquer formas de discriminação».

[148] Neves, Rita Castanheira (2011), p. 261.

No plano infraconstitucional, o direito à privacidade surge no artigo 80º do CC, sob a epígrafe «[d]ireito à reserva sobre a intimidade da vida privada».

No âmbito do Direito Penal são punidas, através de diversos tipos de ilícito, as condutas que devassem a esfera da intimidade, designadamente através dos crimes previstos e punidos nos artigos 190º, 192º, 193º, todos do CP, sendo de referir, em particular, o crime previsto e punido no artigo 194º do mesmo diploma, que tem como epígrafe «[v]iolação de correspondência ou de telecomunicações».

No domínio do Direito do Trabalho, o artigo 22º, nº 1, do CT dispõe que «[o] trabalhador goza do direito de reserva e confidencialidade relativamente ao conteúdo das mensagens de natureza pessoal e acesso a informação de carácter não profissional que envie, receba ou consulte, nomeadamente através do correio eletrónico»[149].

Quando falamos na utilização do correio eletrónico no contexto laboral, está necessariamente implicado o direito à privacidade[150], em especial na vertente de autodeterminação informacional, isto é, o direito que cada um tem de dispor dos seus dados pessoais, não sendo permitido o acesso e a divulgação não autorizados[151].

Entendemos que o legislador, no domínio do CT, ao incluir a referência a «mensagens» e «informação», pretendeu incluir, no âmbito de proteção legal do aludido preceito, a mensagem de correio eletrónico de natureza pessoal ou extraprofissional nos seus diversos estádios, isto é, enquanto comunicação, mas também, no fim do circuito comunicacional, enquanto mera informação armazenada no servidor ou localmente, no computador do trabalhador. Assim, independentemente de a mensagem de correio eletrónico, de natureza pessoal ou extraprofissional, ter sido efetivamente aberta ou lida pelo trabalhador, e, portanto, independentemente de a mensagem ser ou não, ainda, comunicação, este goza do direito de reserva e confidencialidade quanto ao respetivo conteúdo[152].

[149] O legislador ressalva, no entanto, no respetivo nº 2, a possibilidade de «o empregador estabelecer regras de utilização dos meios de comunicação na empresa, nomeadamente do correio eletrónico».

[150] ALVES, Lurdes Dias (2020), pp. 66 e seguintes.

[151] Em paralelo, na doutrina penal, *vide* NEVES, Rita Castanheira (2011), p. 261.

[152] Na doutrina penal tem sido analisada a questão dos diversos estádios do circuito comunicacional da mensagem de correio eletrónico. A este propósito, discute-se, conforme dare-

2.3.2. Direito à inviolabilidade das comunicações privadas

O artigo 34º da CRP consagra a inviolabilidade das comunicações privadas[153], especificando o respetivo nº 4 que «[é] proibida toda a ingerência das autoridades públicas na correspondência, nas telecomunicações e nos demais meios de comunicação, salvo os casos previstos na lei em matéria criminal». A referida proibição vale também, como não podia deixar de ser, para as entidades privadas, «que se têm de abster de qualquer ingerência[154]». Este direito «pretende assegurar que qualquer pessoa que estabeleça uma comunicação, seja através da correspondência tradicional, seja por via de telecomunicação ou pelos demais meios de comunicação, pode ter segurança que ninguém se intrometerá, nomeadamente em forma de intercepção, gravação e divulgação do teor da própria comunicação»[155]. Isto é, no âmbito do artigo 34º «cabe o chamado correio eletrónico, porque o segredo da correspondência abrange seguramente as correspondências mantidas por via das telecomunicações»[156].

Discutível é, no entanto, a questão de saber se no caso das mensagens de correio eletrónico é sempre possível (i. e., independentemente do seu concreto estádio no circuito comunicacional) falar-se em direito

mos nota adiante (Capítulo III), se a mensagem de correio eletrónico perde, como sucede com o correio tradicional, a natureza de comunicação logo que seja (i) recebida, (ii) recebida, aberta e lida pelo(s) destinatário(s), sendo que há quem entenda que no âmbito das mensagens de correio eletrónico não faz sentido, sequer, traçar a distinção entre mensagem aberta/lida de mensagem não aberta/lida, merecendo a mensagem, em qualquer caso, tutela constitucional e jurisdicional acrescida. Podemos adiantar que o nosso entendimento é o de que a mensagem (conceptualmente) perde a natureza de comunicação logo que seja recebida, aberta e lida por um dos destinatários. Em todo o caso, o ponto que queremos assinalar neste segmento do trabalho é o de que nos parece que o legislador laboral, não sendo alheio a tal discussão, quis conferir confidencialidade às mensagens de correio eletrónico de natureza pessoal ou extraprofissional, independentemente do respetivo estádio no circuito comunicacional, isto é, independentemente de as mensagens não serem já comunicação, mas apenas o produto dessa comunicação.

153 A redação integral do artigo 34º, nº 1, da CRP, é a seguinte: «[o] domicílio e o sigilo da correspondência e dos outros meios de comunicação privada são invioláveis».

154 Neves, Rita Castanheira (2011), p. 31.

155 Neves, Rita Castanheira (2011), p. 51.

156 Cardoso, Rui (2018), p. 56.

à inviolabilidade das comunicações privadas[157]. A dúvida coloca-se na medida em que, ao contrário da correspondência dita tradicional, em relação às mensagens de correio eletrónico é difícil determinar quando e se a mensagem foi aberta ou lida. «Poderá, assim, não existir segredo de telecomunicações porque estas [i. e., as comunicações] podem já ter terminado; não existir segredo de correspondência, porque este pode ter cessado com a abertura»[158]. Nesse sentido, «nunca estaremos nem completamente dentro, nem completamente fora quer do âmbito do segredo das telecomunicações, quer do âmbito do segredo da correspondência. Mas estaremos sempre perante perigo de ofensa de direitos fundamentais, como ao desenvolvimento da personalidade, à garantia da liberdade individual, à autodeterminação existencial e privacidade, e por isso com necessidade de tutela adequada»[159]. Essa tutela (adequada), no contexto laboral, é conferida pelo já referido nº 1 do artigo 22º do CT, que reconhece ao trabalhador o direito de reserva e de confidencialidade relativamente ao conteúdo das mensagens de correio eletrónico de natureza pessoal ou extraprofissional, independentemente de estas reterem ou não – à luz do concreto estádio em que se encontram no circuito comunicacional – o *status* de comunicação.

2.4. Comandos normativos em matéria de mensagens de correio eletrónico, no contexto laboral

Antes de mais, cumpre distinguir mensagens de correio eletrónico de natureza pessoal ou extraprofissional das mensagens de correio eletrónico de natureza profissional[160].

[157] Neves, Rita Castanheira (2011), p. 51. «*La diferencia entre intimidad y secreto de las comunicaciones radica en el momento en que se produce el acceso a la comunicación. Cuando el acceso al contenido de una comunicación se produce a la vez que ésta tiene lugar, afectando al canal por el que ésta se desarrolla, el derecho fundamental afectado es el secreto de las comunicaciones, el cual goza de garantía jurisdiccional. Sin mandato judicial no es posible su afectación. Por el contrario, el acceso al contenido de conversaciones o comunicaciones una vez ya realizadas forma parte del derecho a la intimidad.*» – Martín, Adán Nieto (2015a), p. 250.

[158] Cardoso, Rui (2018), p. 57.

[159] Cardoso, Rui (2018), p. 58.

[160] «Quanto ao correio electrónico parece oportuno que a obrigação de distinguir correctamente correio pessoal e profissional conste do regulamento interno da empresa, obrigando-se o trabalhador a não qualificar informações profissionais como pessoais e vice-versa. A

Na jurisprudência, o STJ pronunciou-se no sentido de que as mensagens de correio eletrónico de natureza pessoal ou extraprofissional «não [são] apenas as comunicações relativas à vida familiar, afectiva, sexual, saúde, convicções políticas e religiosas do trabalhador, e mencionadas no art. 16º, nº 2 do CT, que revestem a natureza de comunicações de natureza pessoal, nos termos e para os efeitos do artº 21º. Como aí se referiu, a definição de natureza particular da mensagem obtém-se por contraposição à natureza profissional da comunicação, relevando, para tal, antes de mais, a vontade dos intervenientes da comunicação ao postularem, de forma expressa ou implícita, a natureza profissional ou privada das mensagens que trocam [...].

E não é pela circunstância [de os] intervenientes se referirem a aspectos da empresa que, por essa simples razão, a comunicação assume desde logo um carácter profissional, legitimando a sua intercepção pelo empregador»[161].

Também o TRP, embora com menor densificação, contrapõe mensagem de natureza pessoal a mensagem de natureza profissional, expondo que a mensagem de natureza profissional é aquela que é levada «a cabo pelo trabalhador no âmbito do exercício das suas funções ao serviço do empregador»[162].

empresa deve poder presumir que não é pessoal todo o correio que o trabalhador não tenha expressamente qualificado como tal. Devem prever-se mecanismos para situações de ausência dos trabalhadores – férias e sobretudo suspensões do contrato por doença e licenças – em que pode ser necessário, sob pena de informações importantes não poderem ser recebidas em tempo útil, aceder ao correio electrónico: convém que os trabalhadores interessados sejam previamente alertados para essa possibilidade e, preferencialmente, tenham dado o seu consentimento prévio. Afora os casos de ausência do interessado, deve prever-se que a abertura excepcional do correio electrónico de um trabalhador, quando motivada por fortes indícios de violação das regras de utilização dos meios informáticos, e mesmo que referida a correio não classificado como pessoal, seja feita na presença do próprio interessado e de um representante dos trabalhadores.» – Gomes, Júlio Manuel Vieira (2007), p. 383.

161 Cfr. Acórdão proferido no processo nº 07S043, em 05.07.2007, disponível em http://www.dgsi.pt.

162 Cfr. Acórdão proferido no processo nº 208/14.1TTVFR-D.P1, em 15.12.2016, disponível em www.dgsi.pt. Na doutrina, trazendo à colação o referido acórdão do STJ, Lurdes Dias Alves refere que as comunicações de natureza privada ou extraprofissional são, «[...] para além das comunicações relativas à vida familiar, afetiva, sexual, saúde, convicções políticas e religiosas do trabalhador, previstas no nº 2 do artigo 16º do referido Código do Trabalho,

No limite, parece-nos que a classificação da natureza da mensagem de correio eletrónico sempre competirá ao trabalhador. Se o trabalhador informar o empregador de que a mensagem tem natureza pessoal, na ausência de consentimento do trabalhador, o empregador não deve aceder à mesma[163], mesmo que tal afirmação, negligente ou dolosamente, não corresponda à verdade (doutro modo, estar-se-ia a permitir, através de um ato de confirmação do empregador aquilo que se lhe pretende vedar – *i.e.*, o acesso a mensagens de natureza pessoal ou extraprofissional)[164].

O acesso às mensagens de correio eletrónico pelo empregador, no contexto de uma relação de trabalho, constituiu um tema debatido na doutrina e na jurisprudência. Contudo, arriscar-nos-íamos a afirmar que é hoje pacífico que «o conteúdo dos *emails* enviados ou rececionados pelo trabalhador, quer de conta de correio pessoal, quer de conta de correio profissional que tenham natureza pessoal/extraprofissional, estão abrangidos pela tutela dos direitos à privacidade e à confidencialidade das mensagens»[165], não podendo o empregador, em circunstância

as mensagens relativamente às quais da vontade do seu emissor não resulta de forma clara a natureza profissional das mesmas. [...].» (Alves, Lurdes Dias (2020), p. 77)

163 «A visualização de tais mensagens, que apenas se justifica em casos esporádicos, deve ser feita na presença do trabalhador ou de quem o represente e deve limitar-se à visualização do endereço do destinatário ou remetente da mensagem, do assunto, data e hora do envio. O controlo do correio eletrónico deve realizar-se de forma aleatória e não persecutória e ter como finalidade a promoção da segurança do sistema e a sua performance.» – Martinez, Pedro Romano [et al.] (2017), p. 167.

164 Há, no entanto, vozes na doutrina que vão um pouco mais longe: «parece-nos que o empregador poderá abrir mensagens que pode legitimamente acreditar que não são pessoais. Tal será o caso, designadamente, se não tiver autorizado o uso do correio eletrónico para fins pessoais (se do contexto da mensagem não resultar, apesar disso, que ela é efectivamente pessoal – seja porque foi mesmo qualificada como tal pelo trabalhador, seja porque tal resulta do assunto ou, porventura, do remetente ou do destinatário que é, por exemplo, a mulher do trabalhador) ou se tiver criado dois endereços, um para utilização profissional e outro para uso pessoal, relativamente àquele. Parece-nos já impor-se maior cautela quando o empregador autorize o uso "promíscuo" do correio eletrónico.» – Gomes, Júlio Manuel Vieira (2007), p. 384.

165 Cfr. Acórdão do TRL, proferido no processo nº 208/14.1TTVFR-D.P1, em 15.12.2016, disponível em http://www.dgsi.pt.

alguma, ter acesso às mensagens de correio eletrónico de natureza pessoal ou extraprofissional[166], salvo quando o trabalhador o consinta.

Acresce que é irrelevante que a conta de correio eletrónico tenha sido disponibilizada pelo empregador[167] e/ou que os inerentes dados fiquem armazenados no respetivo servidor. O que releva é o conteúdo – o teor do texto ou dos ficheiros anexos – da mensagem enviada ou recebida, isto é, se a mensagem tem natureza pessoal ou, ao invés, profissional. Tendo natureza pessoal ou extraprofissional, o conteúdo não deve ser acedido.

Dado que o empregador pode, ao abrigo do nº 2 do artigo 22º do CT, estabelecer regras de utilização dos meios de comunicação da empresa, «nomeadamente do correio eletrónico»[168], devem distinguir-se «as situações em que existe uma definição clara e precisa, determinada pelo empregador, e comunicada ao trabalhador, acerca da utilização dos meios informáticos, designadamente da utilização da conta de *email* fornecida por este e de acordo com a qual tal conta apenas deverá ser utilizada para fins profissionais, daquelas outras situações em que é permitida a utilização da conta de correio eletrónico para fins profissionais e para efeitos pessoais ou em que não exista tal definição»[169].

Na situação em que existe uma definição clara das regras de utilização do correio eletrónico disponibilizado pelo empregador, mormente quanto à sua utilização exclusiva para efeitos profissionais, tem-se entendido que o empregador tem uma maior expectativa no sentido de as mensagens enviadas e recebidas pelo trabalhador terem natureza pro-

[166] Nesse sentido, também, e fazendo referência à posição da CNPD nesta matéria, Almeida, Joana (2020), p. 77.

[167] «Não é o facto de certas mensagens ficarem gravadas em servidores da propriedade do empregador que lhe dá o direito de aceder àquelas mensagens, as quais não perdem a sua natureza pessoal ou confidencial, mesmo quando esteja em causa investigar e provar uma eventual infracção disciplinar.» (Cfr. p. 18 da Deliberação nº 1638/2013, da CNPD, aplicável aos tratamentos de dados pessoais decorrentes do controlo da utilização para fins privados das tecnologias de informação e comunicação no contexto laboral, disponível em https://www.cnpd.pt, em 13.02.2020)

[168] Cfr. artigo 22º, nº 2, do CT.

[169] Cfr. Acórdão do TRP, proferido no processo nº 208/14.1TTVFR-D.P1, em 15.12.2016, disponível em http://www.dgsi.pt.

fissional[170]. No entanto, sempre que o empregador se aperceba de que a mensagem, que presumiu ter natureza profissional, tem, ao invés, natureza pessoal, deve parar, de imediato, a leitura[171].

Pelo contrário, nas situações em que o empregador não estabelece regras relativas à utilização do correio eletrónico pelos trabalhadores, nem sempre será fácil distinguir mensagens de natureza pessoal de mensagens de natureza profissional, pelos respetivos dados exteriores, designadamente o assunto da mensagem, até porque o assunto é de inserção opcional e, mesmo quando consta da mensagem, pouco pode revelar sobre o conteúdo da mesma.

Ora, «o facto de o empregador colocar à disposição do trabalhador uma conta de correio eletrónico profissional não permite automaticamente que se possa considerar, "presumir" ou partir do pressuposto de que as mensagens enviadas ou recebidas pelo trabalhador têm natureza profissional. Nesta situação, face à inexistência de regras, designadamente de proibição da sua utilização para efeitos pessoais, é de admitir, e deve o empregador admiti-lo como possível, que essa utilização possa ter lugar para efeitos também pessoais, não havendo razão que fundamente uma maior expetativa por parte do empregador de que a utilização do *email* o será apenas para fins profissionais.». Este aresto do TRP termina referindo que «nas situações em que é disponibilizado ao trabalhador conta de correio eletrónico profissional, mas sem definição das regras quanto à sua utilização, mormente sem que seja proibida a sua utilização para efeitos pessoais, não pode o empregador aceder ao

[170] Pelo interesse e relativo paralelismo com o objeto do nosso estudo, consideramos ser oportuno referir a decisão proferida pelo TEDH, no caso Bărbulescu c. Roménia. Em causa estava o uso por um trabalhador do *Yahoo Messenger* no computador da empresa durante o horário de trabalho – sendo tal uso vedado, conforme acordado entre o trabalhador e o empregador –, facto que motivou o seu despedimento. A decisão que havia sido inicialmente apreciada em desfavor do queixoso, foi reapreciada pelo *Grand Chamber*, que considerou que as instâncias nacionais não determinaram se o queixoso foi previamente informado pelo empregador de que existia a possibilidade de este monitorizar as comunicações no *Yahoo Messenger*, nem aquele foi informado do conteúdo e extensão dessa monitorização. E, assim, o Tribunal concluiu pela violação do artigo 8º da CEDH – https://hudoc.echr.coe.int, acessível em 15.01.2020. Para uma análise mais detalhada deste acórdão, *vide* Pereira, Francisco Rodrigues (2018), em especial pp. 31 e seguintes.

[171] Nesse sentido, o Acórdão do TRP, proferido no processo nº 208/14.1TTVFR-D.P1, em 15.12.2016, disponível em http://www.dgsi.pt.

conteúdo dos *emails* enviados ou rececionados nessa conta, mesmo que não estejam marcados como pessoais ou dos seus dados não resulte que sejam pessoais»[172].

Em qualquer caso, o acesso ao conteúdo da mensagem deve ser sempre feito na «presença do trabalhador visado e, de preferência, na presença de um representante da comissão de trabalhadores ou de uma estrutura representativa [...] ou de alguém indicado pelo trabalhador».[173]

Em suma, salvo consentimento do trabalhador, ao empregador é vedado o acesso a mensagens de natureza pessoal ou extraprofissional.

Transpondo as considerações acima expostas para a realidade das IC, pode dizer-se que, por princípio, os colaboradores inseridos nas mesmas, sendo parte integrante de uma cultura organizacional na qual eles próprios devem conhecer o respetivo papel no sistema de controlo interno, para nele desempenharem um papel ativo e efetivo[174], se encontram mais capacitados e mais bem preparados, por comparação com os colaboradores da generalidade das empresas, para colaborarem com uma investigação interna, nela podendo até participar ativamente. Uma vez que o sistema de controlo interno deve estar profundamente enraizado na cultura da instituição, a investigação, enquanto elemento fundamental desse sistema, não constitui, para a generalidade dos seus colaboradores, um "corpo estranho". Ao invés, gera, ou deve gerar, um sentido de missão e de entrega incomparáveis com a generalidade das empresas.

Nesse sentido, poder-se-ia, pois, colocar a questão de saber se a lei, ao impor um sistema de controlo interno sólido, que tem por missão preservar a estabilidade e a confiança no sistema financeiro, impõe ou sequer admite restrições ao direito à privacidade e à inviolabilidade das comunicações privadas, como meio para alcançar tal objetivo. Entendemos que a resposta é necessariamente negativa, face ao artigo 18º, nº 2,

172 Cfr. Acórdão do TRP, proferido no processo nº 208/14.1TTVFR-D.P1, 15.12.2016, disponível em http://www.dgsi.pt.

173 Cfr. p. 20 da Deliberação nº 1638/2013, da CNPD, aplicável aos tratamentos de dados pessoais decorrentes do controlo da utilização para fins privados das tecnologias de informação e comunicação no contexto laboral, disponível em https://www.cnpd.pt, acessível em 13.02.2019.

174 Conforme dispunha o artigo 9º, nº 2, alínea d), do Aviso do BdP nº 5/2008 e agora com maior grau de densificação os artigos 2º e 3º do Aviso do BdP nº 3/2020.

da CRP, que dispõe que «[a] lei só pode restringir os direitos, liberdades e garantias nos casos expressamente previstos na Constituição [...]». Ademais, não encontramos na CRP qualquer preceito donde se possa retirar uma permissão para que o legislador ordinário, com o intuito de preservar o sistema financeiro e a confiança que os cidadãos nele depositam, pudesse operar, por via legal, uma restrição aos direitos reconhecidos aos trabalhadores.

Atento o exposto, concluímos que os trabalhadores da IC gozam dos exatos mesmos direitos que assistem aos trabalhadores na generalidade das empresas. Ademais, concluímos que o objetivo fundamental e inerente ao sistema de controlo interno não comporta, nem admite, qualquer restrição, em matéria de direitos fundamentais[175-176].

Deste modo, sempre que o conteúdo de uma mensagem de correio eletrónico tenha natureza pessoal, seja de presumir tal natureza ou trabalhador assim a classifique, o investigador está impedido de a recolher ou aceder e, por maioria de razão, de a utilizar na sua investigação.

Mais problemática se afigura a análise da questão na perspetiva do Direito da Proteção de Dados. Vejamos.

2.5. Comandos normativos em matéria de mensagens de correio eletrónico, no contexto da Proteção de Dados

2.5.1. Introdução

A mensagem de correio eletrónico poderá conter os seguintes elementos (i) o endereço de correio eletrónico do remetente, (ii) o endereço de correio eletrónico do destinatário, (iii) a data e a hora do envio da mensagem, (iv) o assunto e (v) a mensagem de texto remetida. Acresce que a conta de correio eletrónico está, na maior parte das vezes, associada ao nome próprio e ao apelido da pessoa associada à conta.

[175] Para uma análise comparada a propósito da monitorização pelo empregador da utilização pelo trabalhador do correio eletrónico, *vide* GOMES, Júlio Manuel Vieira (2007), pp. 369 a 382.

[176] Cumpre referir que o artigo 10º do CT estendeu «[a]s normas legais respeitantes a direitos de personalidade, igualdade e não discriminação e segurança e saúde no trabalho [...] a situações em que ocorra prestação de trabalho por uma pessoa a outra, sem subordinação jurídica, sempre que o prestador deva considerar-se na dependência económica do beneficiário da atividade». Cremos que, nestas condições, também estes prestadores de serviços beneficiam da proteção acima descrita.

Por vezes, contém até a fotografia de um ou de vários intervenientes na mensagem.

Atenta definição de dados pessoais, nos termos e para os efeitos do RGPD – a saber: a informação relativa a uma pessoa singular identificada ou identificável[177] –, é provável que a mensagem contenha, num dos elementos acima descritos (pelo menos, e habitualmente, no campo remetente e destinatário), dados pessoais. A pessoa singular em causa não tem de estar identificada, bastando que seja identificável[178]. Esta pessoa é o titular dos dados.

Na medida em que as mensagens contenham dados pessoais, a sua recolha, o seu acesso e, bem assim, a sua utilização no contexto de uma investigação, constituem possíveis formas de tratamento daqueles dados[179].

Ao falarmos de tratamento de dados pessoais, temos também necessariamente de falar do responsável pelo tratamento, isto é: «a pessoa singular ou coletiva [...] que individualmente ou em conjunto com outras, determina as finalidades e os meios de tratamento de dados pessoais»[180]. Pode acrescentar-se que «[o] responsável pelo tratamento poderá assumir qualquer forma jurídica – pessoa singular, pessoa coletiva de direito público ou de direito privado [...]» e cumpre a função de «alocar (e de

[177] Cfr. artigo 4º, nº 1, do RGPD: «informação relativa a uma pessoa singular identificada ou identificável («titular dos dados»); é considerada identificável uma pessoa singular que possa ser identificada, direta ou indiretamente, em especial por referência a um identificador, como por exemplo um nome, um número de identificação, dados de localização, identificadores por via eletrónica ou a um ou mais elementos específicos da identidade física, fisiológica, genética, mental, económica, cultural ou social dessa pessoa singular».

[178] Tome-se, como exemplo, o seguinte endereço: responsavelpelafuncaodecumprimento@bgpp.pt. Apesar de não conter a identificação do remetente, é possível, através do endereço de correio eletrónico, identificar a concreta pessoa que remete a mensagem. Nessa medida, aquela informação é um dado pessoal.

[179] O termo tratamento de dados tem latitude considerável, abrangendo a «recolha, o registo, a organização, a estruturação, a conservação, a adaptação ou alteração, a recuperação, a consulta, a utilização, a divulgação por transmissão, difusão ou qualquer outra forma de disponibilização, comparação ou interconexão, a limitação, o apagamento ou a destruição.» – artigo 4º, nº 2, do RGPD.

[180] Cfr. artigo 4º, nº 7, do RGPD.

concentrar) a responsabilidade pelo tratamento a um centro de imputação [...]»[181].

No contexto do presente trabalho, que é o das investigações internas, podemos adiantar que, na generalidade das situações, o responsável pelo tratamento será a IC em questão. Mas nem sempre será assim: basta pensar na hipótese de a investigação ser conduzida por um advogado. Aqui acompanhamos TATIANA DUARTE que afirma que «[n]o caso do advogado que tenha um vínculo laboral com um empregador, a responsabilidade pelo tratamento começa no momento em que termina o poder de direção; ou seja, nas situações em que o advogado esteja – e possa deontologicamente estar – sob o poder de direção do empregador, este é o responsável pelo tratamento. Quando atue de forma independente – tipicamente nos casos de representação judicial –, será responsável pelo tratamento»[182].

Pode adiantar-se, como princípios relativos ao tratamento de dados pessoais, que os dados devem ser (i) objeto de um tratamento lícito, leal e transparente em relação ao titular dos dados[183], (ii) recolhidos para finalidades determinadas, explícitas e legítimas[184], (iii) adequados, pertinentes e limitados ao que é necessário relativamente às finalidades para as quais são tratados[185] e (iv) exatos e atualizados sempre que necessá-

[181] PINHEIRO, Alexandre Sousa [et al.] (2018), p. 139.

[182] PINHEIRO, Alexandre Sousa [et al.] (2018), p. 147.

[183] Cfr. artigo 5º, nº 1, alínea *a)*, do RGPD.

[184] Cfr. artigo 5º, nº 1, alínea *b)*, do RGPD.

[185] Cfr. artigo 5º, alínea *c)*, do RGPD. No que respeita ao princípio da proporcionalidade (princípio da "minimização de dados"), em sentido estrito, os dados recolhidos devem ser «adequados a prosseguir a finalidade da sua recolha, e os estritamente necessários para o mesmo efeito, devendo, por isso, o tratamento de dados reduzir-se ao mínimo indispensável ao cumprimento da respetiva finalidade. Além disso, impõe-se ainda um último juízo de ponderação entre os benefícios obtidos com o tratamento e os prejuízos decorrentes para os direitos dos trabalhadores, de modo a garantir que o tratamento não seja excessivo», tal como referido na p. 8 da Deliberação da CNPD nº 1638/2013, disponível em https://www.cnpd.pt, acessível em 18.02.2019. Já no que respeita ao princípio da proporcionalidade em sentido amplo, mormente na vertente do princípio da necessidade, o investigador só deve aceder às mensagens de correio eletrónico enviadas e/ou recebidas por trabalhadores na hipótese de não existirem formas menos intrusivas para a privacidade daqueles trabalhadores, e igualmente aptas a atingir o fim pretendido. A este propósito, a CNPD alerta para o facto de a entidade empregadora dever privilegiar «metodologias genéricas de controlo,

rio[186]. Cabe, assim, indagar, no contexto de uma investigação, em que condições é lícito tratar dados pessoais insertos em mensagens de correio eletrónico.

Parece-nos que a licitude e a finalidade do tratamento são os pontos que maiores dúvidas podem suscitar no contexto de uma investigação interna, motivo pelo qual centraremos o objeto da nossa análise nestes dois princípios.

2.5.2. A licitude do tratamento

Conforme se referiu, dispõe o RGPD que os dados pessoais devem ser objeto de um tratamento lícito: a licitude do tratamento depende, na generalidade das situações, da verificação de, pelo menos, uma das situações previstas nas alíneas a) a f) do respetivo nº 1 do artigo 6º[187].

Face ao artigo 6º, nº 1, do RGPD, parece-nos que, no contexto das investigações internas, o fundamento da licitude para o tratamento de dados encontra, em abstrato, acolhimento na alínea a) ou na alínea c)[188] daquele preceito, os quais analisaremos em seguida.

i. O consentimento: os pressupostos atinentes a um consentimento válido e eficaz

Neste ponto, faremos uma muito breve referência aos pressupostos atinentes a um consentimento válido e eficaz, apenas densificando os

afastando, sempre que possível, a consulta individualizada de dados pessoais», conforme p. 9 da referida Deliberação. Embora esta análise deva ocorrer casuisticamente, não nos parece que a recolha de mensagens de correio eletrónico nas condições acima descritas se afigure contrária ao princípio da proporcionalidade.

186 Cfr. artigo 5º, nº 1, alínea *d)*, do RGPD.

187 «Para que o tratamento seja lícito, os dados pessoais deverão ser tratados com base no consentimento do titular dos dados em causa ou noutro fundamento legítimo, previsto por lei, quer no presente regulamento, quer noutro ato de direito da União ou de um Estado-Membro referido no presente regulamento [...]» – considerando nº 40 do RGPD. Pinheiro, Alexandre Sousa [et al.] (2018), p. 215.

188 Não excluímos, a título subsidiário, a possibilidade de o responsável pelo tratamento fundar a licitude do tratamento na alínea f) do nº 1 do artigo 6º do RGPD (interesses legítimos prosseguidos pelo responsável).

pontos que apresentem alguma especificidade à luz do objeto do nosso estudo[189].

Nos termos do nº 11 do artigo 4º do RGPD, o consentimento do titular dos dados corresponde a «uma [i] manifestação de vontade, [ii] livre, [iii] específica, [iv] informada e [v] explícita, [vi] pela qual o titular dos dados aceita, mediante declaração ou ato positivo inequívoco, que os dados pessoais que lhe dizem respeito sejam objeto de tratamento».

O consentimento como manifestação de vontade «significa que não existe a figura do consentimento obrigatório. Ou seja, não pode tratar-se nos quadros do consentimento, por exemplo, exigências ou obrigações legais»[190].

Quanto à liberdade do consentimento, esta só existe se o mesmo «implic[ar] uma verdadeira escolha e controlo para o titular dos dados». O que significa que se o consentimento «estiver agregado a uma parte não negociável das condições gerais do contrato, presume-se que não foi dado livremente»[191]. Deste modo, se o empregador incluir no contrato de trabalho ou em anexo ao mesmo uma cláusula relativa ao tratamento de dados pessoais e fizer depender a celebração do contrato de trabalho da aceitação dessa cláusula, naturalmente que o consentimento não é livre.[192]

Mais: em nossa opinião, é fundamental que o consentimento não seja prestado durante o período experimental[193], porquanto (i) neste perí-

[189] Para uma exposição e análise mais detalhadas do consentimento, *vide* Diretrizes 05/2020 relativas ao consentimento na aceção do Regulamento 2016/679 do CEPD, disponível em https://edpb.europa.eu/, acessível 20.12.2020.

[190] Pinheiro, Alexandre Sousa [et al.] (2018), p. 167.

[191] Cfr. p. 8 das Diretrizes 05/2020 relativas ao consentimento na aceção do Regulamento 2016/679 do CEPD, disponível em https://edpb.europa.eu/, acessível 20.12.2020.

[192] Para um tratamento mais desenvolvido da liberdade do consentimento, *vide* pp. 8 e seguintes das Diretrizes 05/2020 relativas ao consentimento na aceção do Regulamento 2016/679 do CEPD, disponível em https://edpb.europa.eu/, acessível 20.12.2020. A este propósito, dispõe o artigo 7º, nº 2, do RGPD, que «[s]e o consentimento do titular dos dados for dado no contexto de uma declaração escrita que diga também respeito a outros assuntos, o pedido de consentimento deve ser apresentado de uma forma que o distinga claramente desses outros assuntos de modo inteligível e de fácil acesso e numa linguagem clara e simples. Não é vinculativa qualquer parte dessa declaração que constitua violação do presente regulamento».

[193] Cfr. artigo 111º do CT.

odo, na generalidade das situações, a posição do trabalhador é particularmente frágil, na medida em que a relação de trabalho pode cessar por iniciativa do empregador, por denúncia, sem necessidade de qualquer aviso prévio[194], (ii) sendo de presumir que, nesse período, o trabalhador não está ainda totalmente inserido na cultura organizacional da IC em questão, circunstância que é suscetível de condicionar a prestação de um consentimento livre.

O tratamento de dados pessoais no contexto laboral suscita as seguintes questões: o consentimento do titular dos dados (o trabalhador) é um fundamento válido? E na ausência de consentimento, o responsável pelo tratamento pode socorrer-se de outro fundamento?

No que respeita ao consentimento, enquanto fundamento da licitude do tratamento, o CEPD, a respeito do tratamento de dados pessoais no contexto laboral, referiu o seguinte: «o CEPD considera problemática a questão de os empregadores procederem ao tratamento de dados pessoais dos seus trabalhadores atuais ou futuros com base no consentimento, uma vez que é improvável que esse consentimento seja dado de livre vontade. Relativamente à maior parte deste tratamento de dados no local de trabalho, o fundamento jurídico não pode nem deve ser o consentimento dos trabalhadores [artigo 6º, nº 1, alínea a)], devido à natureza da relação entre empregador e trabalhador». Esclareceu, no entanto, que isto «[...] não significa que os empregadores nunca possam utilizar o consentimento como fundamento jurídico para o tratamento. Pode haver situações em que seja possível ao empregador demonstrar que o consentimento foi dado livremente. Atendendo ao desequilíbrio de poder entre empregadores e empregados, estes só podem dar o seu consentimento livremente em circunstâncias excecionais, quando o ato de dar ou recusar o consentimento não produza quaisquer consequências negativas»[195].

[194] Ressalvadas as situações previstas nos nºs 2 e 3 do artigo 114º do CT, durante o período experimental, o contrato é livremente denunciável pelas partes sem aviso prévio ou invocação de justa causa.

[195] Cfr. p. 10 das Diretrizes 05/2020 relativas ao consentimento na aceção do Regulamento 2016/679 do CEPD, disponível em https://edpb.europa.eu/, acessível 20.12.2020. Na doutrina, Lurdes Dias Alves entende que o fundamento legal para o tratamento de dados no local de trabalho, não pode nem deve ser o consentimento dos trabalhadores, face à relação de desequilíbrio entre empregador e trabalhador. (Alves, Lurdes Dias (2018), p. 60)

No que se refere ao legislador nacional, este considerou, no artigo 28º, nº 3, da Lei nº 58/2019, de 8 de agosto[196], que, «[s]alvo norma legal em contrário, o consentimento do trabalhador não constitui requisito da legitimidade do tratamento dos seus dados pessoais: a) Se do tratamento resultar uma vantagem jurídica ou económica para o trabalhador[197]; ou b) Se esse tratamento estiver abrangido pelo disposto na alínea b) do nº 1 do artigo 6º do RGPD[198]».

A solução preconizada na lei tem como consequência que quando o tratamento, no contexto laboral, não seja enquadrável numa das situações referidas no artigo 28º, nº 3, alíneas a) e b), o consentimento do trabalhador pode constituir fundamento da licitude do tratamento de dados.

Sucede que esta dialética – assente nas questões enunciadas – gera um problema: se para o CEPD, no contexto laboral, o consentimento não constitui, em regra, uma forma válida de conferir licitude ao tratamento de dados pessoais no contexto laboral (conforme acima referimos), ao invés, para o legislador nacional, o consentimento pode constituir, ressalvadas as exceções previstas nas alíneas a) e b) do nº 3 do artigo 28º da Lei nº 58/2019, de 8 de agosto, requisito de legitimidade do tratamento.

Ora, não obstante as diretrizes do CEPD não sejam vinculativas, constituindo apenas orientações gerais para clarificar as normas legais

[196] Nova Lei da Proteção de Dados.

[197] Na Deliberação da CNPD nº 494/2019, esta refere que «o disposto na alínea a) do nº 3 do artigo 28º, ao determinar precisamente a solução oposta, restringe excessivamente a relevância do consentimento do trabalhador, com isso eliminando qualquer margem de livre arbítrio dos trabalhadores mesmo quando há condições para a sua manifestação sem risco para os seus direitos e interesses. Nessa medida, esta disposição traduz uma restrição injustificada e desproporcionada do disposto na alínea a) do nº 2 do artigo 9º do RGPD. Entende, assim, a CNPD que esta disposição não corresponde a uma medida legislativa nacional adequada que salvaguarde a dignidade, os direitos fundamentais e os interesses legítimos do trabalhador, não cumprindo, portanto, os requisitos exigidos na alínea b) do nº 2 do artigo 9º e do nº 2 do artigo 88º do RGPD». E termina dizendo que, com esse fundamento, «desaplicará a referida norma nas situações que venha a apreciar». Cfr. pp. 5 e 6 da referida Deliberação, disponível em https://www.cnpd.pt, acessível em 28.09.2019.

[198] Artigo 6º, nº 1, alínea b), do RGPD: «O tratamento for necessário para a execução de um contrato no qual o titular dos dados é parte, ou para diligências pré-contratuais a pedido do titular dos dados».

europeias em matéria de proteção de dados, o certo é lhe compete assegurar a aplicação coerente do RGPD[199].

No que respeita à especificidade do consentimento, o tratamento deve ter por objeto finalidades específicas e deve ser prestado de forma granular[200]. No caso do nosso estudo, o titular dos dados deve ser prévia[201] e devidamente informado[202] de que o responsável pelo tratamento pretende tratar os dados – cujas modalidades devem estar especificamente descritas (designadamente, a recolha, a sua consulta e a sua eventual transmissão desses dados ao BdP) – no âmbito de uma investigação interna. O titular dos dados deve conhecer, antecipada e especificadamente, o percurso do tratamento dos seus dados (*i. e.*, onde começa e onde acaba o tratamento)[203].

199 Cfr. artigo 70º do RGPD.

200 Cfr. pp. 15 e seguintes das Diretrizes 05/2020 relativas ao consentimento na aceção do Regulamento 2016/679 do CEPD, disponível em https://edpb.europa.eu/, acessível 20.12.2020.

201 «Embora o RGPD não estipule literalmente no artigo 4º, nº 11, que o consentimento deve ser dado antes da atividade de tratamento, trata-se de um aspeto claramente implícito. A parte introdutória do artigo 6º, nº 1, e a redação «tiver dado» que consta do artigo 6º, nº 1, alínea a), corrobora esta interpretação [...]» (p. 23 das Diretrizes 05/2020 relativas ao consentimento na aceção do Regulamento 2016/679 do CEPD, disponível em https://edpb.europa.eu/, acessível 20.12.2020).

202 «É fundamental fornecer informações aos titulares dos dados antes da obtenção do consentimento para que estes possam tomar decisões informadas, compreendendo com o que estão a concordar e, por exemplo, exercer o direito de retirar o consentimento dado. Se o responsável pelo tratamento não fornecer informações acessíveis, o controlo do utilizador torna-se ilusório e o consentimento será um fundamento inválido para o tratamento» (p. 17 das Diretrizes 05/2020 relativas ao consentimento na aceção do Regulamento 2016/679 do CEPD, disponível em https://edpb.europa.eu/, acessível em 20.12.2020).

203 Recorda-se aqui, a este propósito, o caso Bărbulescu v. Romania, em que não ficou demonstrado que o empregador tivesse previamente informado o trabalhador da possibilidade de monitorizar as comunicações do trabalhador ou que o tivesse informado do conteúdo e extensão dessa monitorização. Esta circunstância levou a que o Tribunal considerasse existir violação do artigo 8º da Convenção – https://hudoc.echr.coe.int, acessível em 15.01.2020.

Finalmente, o consentimento deve ser explícito, no sentido de que «o titular dos dados deve manifestar expressamente o seu consentimento[204]».

Face às fragilidades expostas, evidenciadas pelos desequilíbrios de poder em contexto laboral, consideramos prudente que o tratamento de dados no contexto das investigações internas não assente no consentimento do seu titular, como fundamento da licitude, devendo antes assentar no fundamento que veremos de seguida[205].

ii. O cumprimento de uma obrigação jurídica pelo responsável pelo tratamento

Conforme se referiu, no contexto das investigações internas, outro dos fundamentos possíveis para a licitude do tratamento de dados reside na alínea c) do nº 1 do artigo 6º do RGPD[206], a saber: «[o] tratamento for

[204] Cfr. p. 23 das Diretrizes 05/2020 relativas ao consentimento na aceção do Regulamento 2016/679 do CEPD, disponível em https://edpb.europa.eu/, acessível em 20.12.2020.

[205] A este propósito, pela sua relevância, destacam-se os seguintes parágrafos das diretrizes do CEPD: «121. O artigo 6º estabelece as condições do tratamento lícito dos dados pessoais e descreve seis fundamentos jurídicos que o responsável pelo tratamento pode invocar. A aplicação de um desses seis fundamentos deve ser estabelecida antes da atividade de tratamento e em relação a uma finalidade específica. 122. É importante referir aqui que o responsável pelo tratamento, se optar por invocar o consentimento para qualquer parte do tratamento, deve estar preparado para respeitar essa opção e parar essa parte do tratamento se um indivíduo retirar o consentimento. Passar a mensagem de que os dados serão tratados com base no consentimento enquanto, na verdade, esse tratamento assenta noutro fundamento jurídico, seria essencialmente desleal para com as pessoas. 123. Por outras palavras, o responsável pelo tratamento não pode passar do consentimento para outros fundamentos jurídicos. Por exemplo, não lhe é permitido utilizar retroativamente o fundamento do interesse legítimo para justificar o tratamento, se forem detetados problemas com a validade do consentimento. Uma vez que os responsáveis pelo tratamento têm a obrigação de comunicar o fundamento jurídico em que se baseiam aquando da recolha dos dados pessoais, estes responsáveis devem definir qual o fundamento jurídico aplicável antes da referida recolha.» – p. 29 das Diretrizes 05/2020 relativas ao consentimento na aceção do Regulamento 2016/679 do CEPD, disponível em https://edpb.europa.eu/, acessível em 20.12.2020.

[206] Este aspeto é absolutamente relevante, dada a referida controvérsia em torno do consentimento.

necessário para o cumprimento de uma obrigação jurídica a que o responsável pelo tratamento esteja sujeito»[207].

Conforme se referiu no Capítulo I do presente trabalho[208], as investigações internas derivam e são consequência necessária da implementação de um sistema de controlo interno, pleno e efetivo. As investigações, estando integradas no sistema de controlo interno, atuam como mecanismo reativo, de forma a mitigar riscos de *compliance*. Nesse sentido, ao tratar dados pessoais no contexto de uma investigação, o responsável pelo tratamento tem como objetivo reagir a riscos de *compliance*, quer estes riscos se traduzam em riscos já materializados ou não.

Ora, a obrigação jurídica resulta, a nosso ver, das normas jurídicas aplicáveis ao setor bancário (designadamente, RGICSF e Aviso do BdP nº 3/2020[209]), que impõem à IC, como pressuposto fundamental da preservação da estabilidade do sistema financeiro (em especial, como se referiu, do subsistema bancário) e, bem assim, da manutenção da confiança que os particulares nele depositam, o dever de reagirem a riscos de *compliance*, como vimos através da realização de investigações internas. A recolha de elementos (incluindo mensagens de correio eletrónico) constitui uma fase essencial de qualquer investigação.

2.5.3. A finalidade do tratamento

Os dados pessoais devem ser recolhidos para «finalidades determinadas, explícitas e legítimas, não podendo os dados ser tratados posteriormente de uma forma incompatível com essas finalidades» (alínea *b)*

[207] De acordo com a orientação genérica do então Grupo de Trabalho do artigo 29º, «[t]al pode ser o caso, por exemplo quando os empregadores tenham de fornecer à segurança social ou às autoridades fiscais dados relativos aos salários dos seus trabalhadores, ou quando as instituições financeiras sejam obrigadas a denunciar determinadas transações suspeitas às autoridades competentes nos termos das normas em matéria de luta contra o branqueamento de capitais» – Parecer 06/2014 sobre o conceito de interesses legítimos do responsável pelo tratamento de dados na aceção do artigo 7º da Diretiva nº 95/46/CE, do PE e do Conselho, p. 29, disponível em https://ec.europa.eu, acessível em 25.04.2020.

[208] Para o qual, por razões de economia se remete, e aqui se dá por integralmente reproduzido.

[209] Conforme mais bem densificado no Capítulo I.

do nº 1 do artigo 5º do RGPD). Os três apontados requisitos já constavam da Diretiva nº 95/46/CE, de 24 de outubro, e foram estudados pelo então denominado Grupo de Trabalho do Artigo 29º, que sobre os mesmos se debruçou e emitiu parecer.

i. Finalidades determinadas

O responsável pelo tratamento deve «ponderar cuidadosamente para que finalidade ou finalidades os dados pessoais serão utilizados, e não deve recolher dados pessoais que não sejam necessários, adequados ou relevantes para a finalidade ou finalidades em relação às quais se pretende que os dados sejam objeto de tratamento. [...] A especificação da finalidade requer uma avaliação interna levada a cabo pelo responsável pela proteção de dados», que deve poder «identificar as finalidades, documentando-as, sendo capaz de demonstrar que procedeu à aludida avaliação interna»[210].

Recomendamos, por isso, sempre que possível e proporcional, que o responsável pelo tratamento especifique que os dados constantes de uma mensagem de correio eletrónico recolhida nos termos acima descritos podem vir a ser tratados no contexto de uma investigação interna, determinando, de forma individualizada, todas as fases de tratamento envolvidas (*i. e.*, todo o processo de tratamento).

ii. Finalidades explícitas

Para além de determinadas, as finalidades do tratamento devem ser «reveladas de forma clara, explicadas ou descritas de forma inteligível»[211]. Por outras palavras, as finalidades não devem ser ambí-

[210] Tradução livre do texto original: «*must therefore carefully consider what purpose or purposes the personal data will be used for, and must not collect personal data which are not necessary, adequate or relevant for the purpose or purposes which are intended to be served* [...]. *Purpose specification requires an internal assessment carried out by the data controller.* [...] *must identify what the purposes are, and must also document, and be able to demonstrate, that it has carried out this internal assessment.*» (cfr. p. 15 do documento «*Opinion 03/2013 on purpose limitation (WP 203)*», disponível em https://ec.europa.eu, acessível em 19.07.2020).

[211] Tradução livre do texto original: «*clearly revealed, explained or expressed in some intelligible form.*» (cfr. p. 17 do documento «*Opinion 03/2013 on purpose limitation (WP 203)*», disponível em https://ec.europa.eu., acessível em 19.07.2020).

guas, devendo o respetivo conteúdo e extensão ser perfeitamente inteligível para qualquer pessoa, designadamente para o responsável pelo tratamento, para um terceiro e, principalmente, para o titular dos dados, que deve conhecer as finalidades nessas condições[212].

iii. Finalidades legítimas

Não obstante se encontre intrinsecamente ligado à já tratada licitude do tratamento, a legitimidade do tratamento vai para além do que se expôs a esse propósito, na medida em que, em termos mais genéricos, «requer que as finalidades sejam compatíveis com as disposições legais aplicáveis em matéria de proteção de dados, bem como com outros diplomas legais aplicáveis, tais como legislação laboral, contratos, proteção do consumidor e por aí em diante»[213].

Considerando que o tratamento de dados no âmbito de uma investigação interna é também feito no contexto laboral, importa conjugar o RGPD (designadamente, o seu artigo 88º[214]) com a Lei nº 58/2019, de 8 de agosto. Nos termos do artigo 28º, nº 1, da referida Lei, «[o] empregador pode tratar os dados pessoais dos seus trabalhadores para as finalidades e com os limites definidos no Código do Trabalho e respetiva legislação complementar ou noutros regimes setoriais, com as especificidades estabelecidas no presente artigo».

212 Em todo o caso, a respeito do dever de informar, cumpre referir o seguinte: em relação aos terceiros que remetam espontaneamente mensagens de correio eletrónico à IC destaca-se a alínea d) do nº 5 do artigo 14º do RGPD, a propósito das informações a facultar quando os dados pessoais não são recolhidos junto do titular (segredo de supervisão e segredo bancário). «Assim, quando o fundamento jurídico do tratamento resulte de obrigação legal, não são determinadas imposições de informar» – Pinheiro, Alexandre Sousa (2018), p. 356.

213 Tradução livre do texto original: «*requires that the purposes must be in accordance with all provisions of applicable data protection law, as well other applicable laws such as employment law, contract law, consumer protection law, and so on.*» (*cfr.* p. 20 do documento «*Opinion 03/2013 on purpose limitation (WP 203)*», disponível em https://ec.europa.eu, acessível em 19.07.2020).

214 Cfr. nº 1: Os Estados-Membros podem estabelecer, no seu ordenamento jurídico ou em convenções coletivas, normas mais específicas para garantir a defesa dos direitos e liberdades no que respeita ao tratamento de dados pessoais dos trabalhadores no contexto laboral, nomeadamente para efeitos de recrutamento, execução do contrato de trabalho, incluindo o cumprimento das obrigações previstas no ordenamento jurídico [...]».

Conforme se referiu no início do presente trabalho, as investigações internas derivam e são consequência necessária da implementação de um sistema de controlo interno, pleno e efetivo. As investigações, estando integradas no sistema de controlo interno, atuam como mecanismo reativo, de forma a mitigar riscos de *compliance*. Nesse sentido, ao tratar dados pessoais no contexto de uma investigação, o responsável pelo tratamento tem como objetivo mais abrangente reagir a riscos de *compliance*, quer estes riscos se traduzam em riscos já materializados ou não.

Ora, a finalidade do tratamento, enquanto razão específica do tratamento, consiste, justamente, na implementação de mecanismos internos que têm como objetivo investigar suspeitas de riscos de *compliance*. Tais mecanismos (as investigações) comportam, na sua génese, uma fase de recolha de elementos (prova), que compreende o tratamento de dados pessoais, enquanto fase ou estádio necessário à reação àqueles riscos.

Assim, considerando que essa finalidade decorre das normas jurídicas aplicáveis ao setor bancário (designadamente, RGICSF e Aviso do BdP nº 3/2020[215]), por constituir pressuposto fundamental da preservação da estabilidade do sistema financeiro (em especial, como se referiu, do subsistema bancário) e, bem assim, da manutenção da confiança que os particulares nele depositam, entendemos que a finalidade descrita é compatível quer com o RGPD, quer com o nº 1 do artigo 28º da Lei nº 58/2019, de 8 de agosto.

Relativamente a terceiros que remetam espontaneamente mensagens de correio eletrónico à IC, quando sejam esses os titulares dos dados, a finalidade do tratamento afigura-se legítima por via da aplicação das normas constantes do RGICSF e, bem assim, Aviso do BdP nº 3/2020, relativas ao sistema de controlo interno.

[215] Conforme mais bem densificado no Capítulo I.

CAPÍTULO III
Da transferência do Relatório Final para o Banco de Portugal

1. Introdução

Admitindo que os factos objeto da investigação interna são passíveis de gerar responsabilidade contraordenacional para a IC, para os seus colaboradores e/ou para terceiros, e que o BdP é competente para o respetivo processamento e, bem assim, para a aplicação das respetivas sanções[216], o relatório final[217], bem como os elementos que o suportam (recolhidos no decurso da investigação)[218], podem afigurar-se, na perspetiva daquele, elementos essenciais à descoberta da verdade.

A questão que se coloca neste Capítulo consiste em saber se, e em que condições, podem as mensagens de correio eletrónico, recolhidas no decurso da investigação (nos termos e nas condições referidas no Capítulo II do presente estudo), ser transferidas para um processo de contraordenação que se encontre em curso, com o intuito de nele valerem como meio de prova.

Importa precisar, antes de prosseguirmos, que a premissa da nossa análise consiste num processo de contraordenação já instaurado. De fora ficam, pois, o estudo e a análise da transferência de tais elementos

[216] Cfr. artigo 213º do RGICSF (indicamos apenas a norma geral de atribuição de competência ao BdP, existindo outros diplomas legais que o fazem, a propósito de regimes específicos).

[217] A propósito do relatório final, *vide* pp. 49 e seguintes do presente trabalho.

[218] Em especial, e no caso do nosso estudo, o conteúdo das mensagens de correio eletrónico recolhidas no decurso da investigação.

em momento prévio à instauração do processo contraordenacional[219] ou mesmo a questão de saber se tais elementos podem, depois, ser utilizados no âmbito de um processo contraordenacional que venha a ser instaurado[220-221].

Deste modo, a transferência dos aludidos elementos para o processo contraordenacional já instaurado pode ocorrer, pelo menos, através de duas vias: (i) mediante entrega espontânea ao BdP, isto é, por iniciativa da própria instituição[222] ou (ii) através de uma das modalidades de recolha de elementos previstas no artigo 215º do RGICSF[223].

O legislador atribuiu ao BdP o direito de exigir de quaisquer pessoas (singulares e coletivas) a entrega de (todos os) documentos «[...] na medida em que os mesmos se revelem necessários à instrução dos processos da sua competência»[224]. Esta disposição legal não é, quanto ao seu conteúdo e alcance, única no RGICSF, sendo possível identificar outros

[219] Cfr. artigo 120º, nº 3, do RGICSF, a propósito do dever de colaboração no âmbito da supervisão prudencial.

[220] Note-se que o TC já se pronunciou sobre a concreta questão de saber se «após notícia do ilícito, os Reguladores podem intimar os supervisionados visados a fornecer documentação, sob cominação de sanção por incumprimento do dever de colaboração, fora do quadro de um processo sancionatório formalmente organizado, podendo essa documentação assim obtida, ser utilizada como prova contra o visado/Arguido e/ou outros, em processos sancionatórios futuros», tendo este concluído pela não inconstitucionalidade daquela interpretação normativa (remetendo para a fundamentação constante do acórdão do mesmo Tribunal nº 360/2013) – acórdão nº 360/2016, em 08.06.2016, disponível em http://www.tribunalconstitucional.pt.

[221] A opção por restringir o problema que nos ocupa aos processos contraordenacionais em curso deve-se a razões de economia. Com a configuração definida fica, pois, assente que as pessoas contra quem corre determinado processo contraordenacional têm direito ao silêncio e à não autoinculpação, como veremos adiante. Para uma análise aturada do tema da transferência dos elementos obtidos pela autoridade administrativa, na supervisão, para o processo contraordenacional, *vide* MENDES, Paulo Sousa (2012), pp. 307 a 318, BOLINA, Helena Magalhães (2013), pp. 383 a 427 e ALFAFAR, Diana (2013), pp. 319 a 381.

[222] Não é impossível que tal suceda. Pode, até, fazer sentido, estrategicamente, na medida em que a instituição como que afirma perante o BdP que, não obstante a verificação de determinado risco de *compliance*, o sistema de controlo interno foi eficaz, tendo investigado e contido o risco.

[223] Pela sua importância prática, ater-nos-emos ao nº 3 do artigo 215º do RGICSF.

[224] Cfr. artigo 215º, nº 3, do RGICSF. Este preceito não sofre, na sua substância, alterações no anteprojeto do CAB (artigo 666º).

preceitos no mesmo diploma nos quais se dá igual destaque aos deveres de colaboração para com a entidade supervisora[225]. A razão de ser de tais deveres de colaboração prende-se com a circunstância de as IC atuarem profissionalmente nos mercados financeiros, estando, por isso, como contrapartida, sujeitas ao acompanhamento constante do BdP. Portanto, a atividade das IC insere-se no perímetro da supervisão do BdP.

Com efeito, estabelecendo um paralelismo com o regime previsto no Código dos Valores Mobiliários, e aqui citando Frederico Costa Pinto, «[...] uma entidade sujeita à supervisão da CMVM [em termos paralelos, sujeita à supervisão do BdP] por actuar profissionalmente no mercado de valores mobiliários [ou nos mercados financeiros] não está perante um processo sancionatório na mesma posição que um cidadão constituído arguido em processo criminal. Este não tem em regra um dever de colaboração com a entidade que conduz o processo, enquanto o profissional do mercado tem um dever de colaboração com a autoridade de supervisão que, como se referiu, é contrapartida do privilégio de acesso ao mercado»[226]. Ora, dúvidas não podem existir de que tal entendimento vale também para o setor bancário, subsetor do sistema financeiro[227].

Centranto a questão, nos termos do citado nº 3 do artigo 215º do RGICSF, a IC tem o dever de entregar «todos os documentos, independentemente da natureza do seu suporte», bastando, para tal, que os mesmos se revelem necessários à instrução do processo de contraordenação. O referido preceito legal atribui, assim, ao BdP um direito potestativo[228], o qual, uma vez exercido, coloca a IC numa situação de

[225] A título de exemplo, nos termos do disposto no nº 3 do artigo 120º do RGICSF, «[a]s instituições de crédito facultarão ao BdP a inspeção dos seus estabelecimentos e o exame da escrita no local, assim como todos os outros elementos que o Banco considere relevantes para a verificação dos aspetos mencionados no número anterior».

[226] Pinto, Frederico Costa (2009), p. 97.

[227] Parece-nos, no entanto, conforme explanaremos adiante, que este dever de colaboração (com o conteúdo e alcance descritos) não incide somente sobre as instituições sujeitas à supervisão (i. e., sobre as entidades autorizadas a exercer a atividade no mercado regulado), mas também sobre todas as entidades cuja atividade se insira no perímetro do mercado regulado, não obstante não tenham sido autorizadas a intervir nesse mercado.

[228] «O poder jurídico – ou, quando autonomizado, o direito potestativo – é a prerrogativa resultante de uma norma que permita ao sujeito, pela sua vontade, alterar o ordenamento

sujeição, tendo o dever de entregar os elementos solicitados, sob pena de incorrer, pelo menos, em responsabilidade contraordenacional. É, pois, neste contexto, e ao abrigo desta disposição legal, que o BdP, na pendência de um processo de contraordenação, pode exigir da instituição, no prazo que lhe for concedido, designadamente a entrega do relatório final produzido como consequência da realização de uma investigação interna, bem como dos elementos subjacentes ao relatório, *in casu*, as mensagens de correio eletrónico que tenham sido recolhidas no decurso da investigação, para valerem no processo de contraordenação, como meio de prova.

O encadeamento acima descrito levanta, pelo menos, quatro questões, a que cabe dar resposta: (i) a primeira consiste em determinar o conteúdo e o alcance do dever de entrega previsto no nº 3 do artigo 215º do RGICSF; (ii) a segunda, de âmbito mais geral, consiste em saber se as mensagens de correio eletrónico que tenham sido recolhidas no âmbito de uma investigação interna têm cabimento na locução legal «todos os documentos»; (iii) em caso afirmativo, a terceira consiste em saber se a IC pode recusar-se a entregar os elementos solicitados, invocando o direito ao silêncio e à não autoinculpação; e (iv) por último, ainda que em termos sumários, importa abordar o tema das proibições de prova em consequência de a IC não ter observado, no decurso da investigação interna, as diretrizes descritas no Capítulo II do presente estudo. De seguida procederemos à análise das questões mencionadas.

2. O conteúdo e o alcance do dever de entrega previsto no nº 3 do artigo 215º do RGICSF

«Os *meios de obtenção da prova* são instrumentos de que se servem as autoridades judiciárias e órgãos de polícia criminal para investigar e recolher meios de prova; não são instrumentos de demonstração do *thema probandi*, não são meios de prova, são instrumentos para recolher no processo esses instrumentos»[229]. Nesse sentido, «servem para obter

ou, em regra: modificar uma determinada esfera jurídica.» (Cordeiro, António Menezes (2009), p. 487)

[229] Silva, Germano Marques da (2011), p. 280. Para uma visão detalhada sobre os pressupostos gerais dos meios de obtenção de prova, *vide* Jesus, Francisco Marcolino de (2019), pp. 179 e 180.

aquelas coisas ou declarações que, por sua vez, servirão para demonstrar a realidade de um facto; trata-se da actividade de recolha dos meios de prova, sejam pessoais ou reais»[230].

Ora, o legislador, ao conferir ao BdP o direito potestativo de exigir a prestação de todos os esclarecimentos e informações, bem como a entrega de todos os documentos que se revelarem necessários à instrução dos processos da sua competência, consagrou um verdadeiro meio de obtenção de prova, através da apreensão[231] de documentos, nomeadamente na sequência de notificação especificamente dirigida para, no prazo que for conferido, se proceder à entrega dos documentos em causa (tem, portanto, lugar mediante prévia solicitação ao visado). O incumprimento desse dever é punível como contraordenação.

3. Da entrega, ao Banco de Portugal, de mensagens de correio eletrónico recolhidas no decurso de uma investigação interna

3.1. Da admissibilidade da recolha

A segunda questão colocada consiste em saber se as mensagens de correio eletrónico, recolhidas no contexto de uma investigação interna, têm cabimento na locução legal «todos os documentos, independentemente da natureza do seu suporte»[232] e, por conseguinte, se, em abstrato, o BdP pode exigir das IC a entrega de tais mensagens[233].

230 Jesus, Francisco Marcolino de (2019), p. 179.

231 Sobre a definição de apreensão e respetivas modalidades previstas no CPP, *vide* Jesus, Francisco Marcolino de (2019), pp. 252 e ss.

232 Note-se que a proposta de lei nº 227/X, subjacente à Lei nº 28/2009, de 19 de junho, que introduz o então nº 3 e atual nº 5 do artigo 215º do RGICSF não faz menção expressa às mensagens de correio eletrónico. O anteprojeto do CAB continua a não fazer, no aludido artigo 666º, qualquer menção às mensagens de correio eletrónico. Não obstante, a APB, na sua resposta ao anteprojeto do CAB, pugnou por uma aproximação do regime da recolha de elementos ao regime da apreensão previsto no CPP (p. 12, www.apb.pt, acessível em 01.03.2021).

233 Esta questão tem sido igualmente colocada, designadamente pela doutrina, em relação ao artigo 20º da Lei nº 19/2012, de 08 de maio ("Novo Regime Jurídico da Concorrência"), em tudo similar, neste segmento, ao artigo 215º, nº 3, do RGICSF. Nesse sentido, *vide* o entendimento de Gonçalo Anastácio e Diana Alfafar: estes autores entendem que o legislador pretendeu excluir daquele preceito a apreensão do correio eletrónico – Anastácio, Gonçalo e Alfafar, Diana (2017), p. 343. Note-se, porém, que o entendimento da AdC nesta matéria é o de que o aludido preceito a habilita a proceder à apreensão de

Encontramos, quer no Direito Civil[234], quer no Direito Penal[235], uma definição de documento. «Enquanto no direito civil se dá um relevo primacial à função do documento como objecto, no direito penal prima a função do documento como declaração – é esta que constitui o documento, e não o seu suporte material»[236].

VÂNIA COSTA RAMOS aponta três elementos comuns à generalidade dos documentos, a saber: (i) materialização, (ii) ter origem humana e (iii) estar apto para entrada no tráfico jurídico e função probatória[237].

Ora, atento o conceito de correio eletrónico que acompanhamos[238], cremos que a mensagem de correio eletrónico, conceptualmente, configura um "documento" na aceção do artigo 215º, nº 3, do RGICSF[239].

mensagens de correio eletrónico que se encontrem abertas e arquivadas (*vide*, ponto 52 das linhas de orientação sobre instrução de processos, disponível em http://www.concorrencia.pt, acessível em 23.11.2020). A título de exemplo, este entendimento encontra-se expresso no processo PRC/2018/3: «Portanto, a correspondência eletrónica que já tenha sido aberta e/ou lida, ainda que tenha natureza reservada, beneficia do regime, em termos de valor probatório, idêntico ao dos documentos em suporte físico, perdendo, portanto, as exigências associadas à reserva de correspondência» (www.concorrencia.pt, acessível em 23.11.2020).

234 Cfr. Artigo 362º, 2ª parte, do CC.

235 Cfr. Artigo 255º, alínea a), do CP.

236 RAMOS, Vânia Costa (2006), p. 134.

237 RAMOS, Vânia Costa (2006), p. 135.

238 «Fluxo informacional e comunicacional digital, sob o formato de texto, voz, som, imagem ou gráfico, que é colocado por um assistente ou consumidor de redes ou serviços de comunicações eletrónicas acessíveis ao público, no âmbito de um ciclo internacional e comunicacional (tendencialmente) fechado, através de um ponto terminal de rede, na rede pública de comunicações eletrónicas, conduzida até ao servidor de *mail* ou ao terminal do destinatário do fluxo até que o mesmo proceda à sua recolha, leitura e/ou posterior eliminação.» (RODRIGUES, Benjamim Silva, (2008), p. 444)

239 A este propósito, GONÇALO ANASTÁCIO e DIANA ALFAFAR, referem que: «na falta de uma definição legal clara de "documento" para efeitos de aplicação do nº 1 do artigo 20º do RJC [em tudo similar ao nº 3 do artigo 215º do RGICSF], a proteção do sigilo das comunicações deve ser a fronteira que separa a mensagem de correio eletrónico, protegida pelo sigilo, do documento em suporte digital, não protegido pelo sigilo, e, por isso passível de apreensão.». Mais referem que «o nº 1 do artigo 20º, ao permitir a apreensão de documentos independentemente da sua natureza ou do seu suporte [neste segmento, portanto, em tudo similar ao nº 3 do artigo 215º do RGICSF], poderá assim abranger, não a apreensão de correio eletrónico que se encontre na caixa de entrada, mas sim que se encontre, por exemplo, impresso em papel, ou de um qualquer documento armazenado em suporte digital (como um documento em formato word ou excel).» – ANASTÁCIO, Gonçalo e ALFAFAR, Diana (2017), p. 343.

É materializável, tem, por definição, origem humana (é, na sua substância, uma comunicação entre pessoas, não é uma comunicação entre máquinas[240]) e está apto a entrar no tráfico jurídico, tendo ou podendo ter função probatória.

Resta determinar se, e em que condições, esse documento goza da tutela conferida às comunicações ou à apreensão de correio eletrónico[241], que limite ou impeça a sua recolha pelo BdP. Em especial, considerando que, nos termos do disposto no artigo 42º do RGCO[242] «[n]ão é permitida [...] a intromissão na correspondência ou noutros meios de telecomunicação [...]»[243].

Em termos gerais, acompanhamos a doutrina que sustenta que na garantia do domicílio e da correspondência «cabe o chamado correio eletrónico[244], porque o segredo da correspondência abrange seguramente as correspondências mantidas por via das telecomunicações»[245]. E embora a mensagem de correio eletrónico não equivalha à correspondência dita tradicional[246], a mesma é, não obstante, pelo menos em

[240] Sem prejuízo de se processar entre máquinas, através de servidores e protocolos.

[241] Artigo 189º, nº 1, do CPP e artigo 17º da Lei nº 109/2009, de 15 de setembro ("Lei do Cibercrime").

[242] Importa dar nota de que há também vozes que negam a possibilidade de apreensão de mensagens de correio no domínio dos processos de contraordenação. Veja-se, a este propósito, a declaração de voto do Senhor Conselheiro Afonso Patrão, no acórdão do Tribunal Constitucional nº 91/2023, disponível em www.tconstitucional.pt.

[243] Podendo suscitar-se a questão de saber se o artigo 42º do RGCO é subsidiariamente aplicável ao RGICSF, salienta-se que, em termos paralelos, a propósito da Lei da Concorrência, explanou o TC que o artigo 42º do RGCO «é aplicável aos processos sancionatórios da concorrência, uma vez que a regra geral nele estatuída não foi expressamente afastada pela Lei 18/2003 e do artigo 17º.» – proferido no processo 937/07, em 16.11.2007 disponível em http://www.concorrencia.pt, acessível em 11.07.2019.

[244] No sentido de a correspondência abranger também as comunicações eletrónicas, *vide* Jesus, Francisco de (2019), p. 263.

[245] Canotilho, Gomes, Moreira, Vital (2007), p. 544.

[246] No sentido de uma carta, impressa em papel, fechada. «A correspondência é por definição fechada – assim que é aberta deixa de o ser e passa a ter natureza documental. Enquanto fechada, a correspondência é sigilosa por natureza, e, logicamente, goza da proteção constitucional que o art. 34º, nº 1 da Constituição da República Portuguesa concede ao "sigilo da correspondência"» (acórdão do TRL, proferido no processo nº 463/07.3TAAML-A.L1-3, em 02.03.2011, disponível em http://www.dgsi.pt). Em sentido idêntico, o Acórdão do Tribunal da Relação de Lisboa, proferido no processo nº 744/

determinado estádio do circuito comunicacional, uma comunicação. Enquanto comunicação, a mensagem de correio eletrónico beneficia da tutela conferida à correspondência e às telecomunicações[247].

O dever de não ingerência na correspondência e nas telecomunicações tem uma dimensão negativa e uma dimensão positiva. Na sua dimensão negativa, tal dever acarreta «não só a obrigação de princípio de não divulgar o conteúdo das comunicações privadas, mas também de não aceder às circunstâncias em que as mesmas foram efetuadas». Por seu turno, na sua dimensão positiva, este dever acarreta a «obrigação de o Estado adotar os instrumentos jurídicos necessários para manter a comunicação e o seu circunstancialismo como "fechados" (nomeadamente, através da aprovação de leis destinadas à proteção dos dados de comunicação)»[248]. Nesta sede, interessa-nos a dimensão negativa do dever de não ingerência.

Ora, para responder à questão de saber se, no caso que nos ocupa, estamos perante uma ingerência, importa compreender se a mensagem de correio eletrónico recolhida no contexto de uma investigação interna, pronta para ser, caso assim seja solicitado, entregue ao BdP, é, ainda, uma comunicação.

Antes de mais e para melhor enquadramento, importa tecer algumas considerações de carácter mais abstrato.

Em momento anterior à solução consagrada no nº 1 do artigo 189º do CPP e da entrada em vigor da Lei do Cibercrime[249], PEDRO VERDELHO identificava na mensagem de correio eletrónico três fases distintas: (i)

/09-1S5LSB-A.L1-9, em 29.03.2012: «[o]u seja, tem de se concluir que a correspondência já aberta pelo seu destinatário passa a ter a natureza de documento e goza apenas da protecção que todos os documentos merecem. A correspondência é por definição fechada – assim que é aberta deixa de o ser e passa a ter natureza documental. Enquanto fechada, a correspondência é sigilosa por natureza, e, consequentemente goza da protecção constitucional que o art. 34º nº 1 da Constituição da República Portuguesa concede ao "sigilo da correspondência» (disponível em www.dgsi.pt).

[247] «Quando ao correio eletrónico, o princípio fundamental é o de considerar sujeito às regras e exigências – designadamente de sigilo – típicas do correio tradicional, já que acaba por representar, na essência, uma comunicação entre duas pessoas, que a elas deverá ficar confinada» – SILVEIRA, Luís Lingnau da (2013), p. 143.

[248] Acórdão do TC nº 403/2015, em 27.08.2015, disponível em http://www.tribunalconstitucional.pt.

[249] Interessa-nos, para efeitos do presente estudo, a solução anterior à entrada em vigor da Lei do Cibercrime, porquanto, conforme veremos adiante, em nossa opinião, a Lei do

o regime estabelecido para as escutas telefónicas para a fase em que a mensagem de correio eletrónico está em transmissão, (ii) o regime da apreensão de correspondência para a fase em que a mensagem de correio eletrónico já chegou ao destinatário mas ainda não foi lida por este e (iii) o regime da apreensão de normais ficheiros escritos quando a mensagem de correio eletrónico já foi aberta e lida pelo destinatário[250]. Para este autor, se as mensagens já tinham sido abertas, porventura lidas e mantidas no computador, não tinham mais proteção do que as cartas em papel recebidas e abertas. Acrescentava que em relação às mensagens que tenham sido abertas e impressas não existia motivo para não lhes dar tratamento equiparado ao correio tradicional.

Note-se que, a respeito do correio tradicional, a doutrina tem entendido que uma vez recebida, a vulnerabilidade da correspondência não é tão grande, o que dispensa a tutela jurisdicional acrescida. A partir do momento em que a correspondência tradicional é recebida, cabe ao destinatário cuidar por manter os dados privados ou secretos que a mensagem eventualmente contenha longe de terceiros[251].

Releva também dar nota as posições de ROGÉRIO BRAVO[252] e CARLOS MARIA ROMEO CASABONA[253], para quem a comunicação acaba logo que chega ao terminal do destinatário.

Ao invés, para RITA CASTANHEIRA NEVES, a comunicação recebida, aberta e lida pelo destinatário (ou, na hipótese de serem vários os destinatários, por todos os destinatários) já não é uma comunicação, uma vez que cumpriu o circuito comunicacional, sendo apenas um registo, enfim, um ficheiro[254]. Esta autora estabelece, pois, e diferentemente de PEDRO VERDELHO, dois estádios ou momentos da mensagem de correio eletrónico: (i) até ser conhecida pelo seu destinatário, a mensagem ainda se encontra em fase de transmissão, embora já não em circulação,

cibercrime não é aplicável às contraordenações (embora este entendimento não seja pacífico quer na doutrina quer na jurisprudência).

250 VERDELHO, Pedro (2004), p. 155 a 160.

251 CORREIA, João Conde (2020), p. 642.

252 BRAVO, Rogério (2006), p. 209.

253 ROMEO CASABONA, Carlos María (2006), p. 130.

254 NEVES, Rita Castanheira (2011), pp. 260, 261 e 264. Em sentido idêntico, acórdãos do TRG, proferido no processo nº 1396/08.1PBGMR-A.G1, em 12.10.2009 e do TRL, proferido no processo nº 463/07.3TAALM-A.L1-3, em 02.03.2011, todos disponíveis em www.dgsi.pt.

sendo ainda comunicação; (ii) com o conhecimento pelo destinatário (ou destinatários, caso seja mais do que um), termina o processo de telecomunicação, passando a mensagem a ser um mero ficheiro informático.

Por princípio, parece-nos acertado o entendimento de que a mensagem de correio eletrónico deixa de ser comunicação a partir do momento em que é recebida, aberta e lida pelo seu destinatário, pois é nesse momento que a mensagem cumpre o seu propósito comunicacional: percorreu o seu circuito e chegou "a salvo", isto é, sem interferências de terceiros, ao destinatário, que conheceu o respetivo conteúdo.

Reconhecemos, em todo o caso, que tal critério pode conduzir a problemas práticos. Casos existirão em que as mensagens de correio eletrónico não obstante tenham sido recebidas pelo destinatário e marcadas como lidas, não foram efetivamente abertas nem lidas por aquele, designadamente porque a mensagem foi inadvertidamente marcada como lida e vice-versa[255]. A aplicação, sem mais, de tal critério poderia, pois, permitir ingerências no conteúdo de comunicações, tratando-se de mensagens que, em rigor, ainda não tinham cumprido o respetivo circuito comunicacional, na medida em que ainda não tinham sido abertas e lidas pelos respetivos destinatários, ainda que aparentassem tê-lo sido[256].

[255] «O correio eletrónico pode ser arquivado pelo destinatário sem ser lido; pode ser arquivado juntamente com mensagens enviadas e até rascunhos de mensagens eventualmente a enviar» – Cardoso, Rui (2018), p. 71. «Sendo, inversamente, igualmente possível, e empiricamente constatável como comum que *e-mails* que constam como abertos não tenham sido efetivamente lidos (v.g. por se ter meramente passado o cursor *touch*, ou por apenas se querer ver sinalizadas – indicadas como fechadas – as mensagens que acabam de chegar)» – Anastácio, Gonçalo e Alfafar, Diana (2017), p. 342.

[256] A este respeito refere Benjamim Silva Rodrigues que «[o] problema não surgiria com as mensagens que tenham sido impressas em papel, visto que haveria prova concludente da sua "abertura/leitura" e, por outro lado, com as que tenham sido arquivadas numa pasta do computador distinta da que medeia a sua receção (mail-box)». (Rodrigues, Benjamim Silva (2008), p. 437). O TC (em momento anterior à Lei do Cibercrime e ainda no domínio da Lei nº 18/2003), subscrevendo o entendimento de Pedro Verdelho, pronunciou-se no sentido de que as «mensagens de correio eletrónico que já tenham sido abertas pelo seu destinatário e foram deixadas gravadas no computador [...]» não são já comunicação (processo nº 937/07, em 16.11.2007, disponível em: http://www.concorrencia.pt, acessível em 20.07.2020).

Tais dificuldades práticas não devem, porém, obstar à delimitação de âmbitos de proteção que são distintos[257]. Não se exclui a possibilidade de determinada mensagem ser marcada e lida por alguém que não seja o seu destinatário. Porém, em tal situação a mensagem não perderá o *status* de comunicação, simplesmente porque foi aberta e lida por alguém que não integra o circuito comunicacional.

Esta distinção conceptual tem uma importância prática: considerando que o artigo 42º, nº 1, do RGCO veda a intromissão na correspondência e nos meios de telecomunicação e que a mensagem de correio eletrónico (em nossa opinião) perde o *status* de comunicação a partir do momento em que seja recebida, aberta e lida pelo respetivo destinatário, aquilo que outrora foi uma comunicação constituirá, a partir daquele momento, um mero documento privado, podendo, em tese, ser apreendido enquanto tal, nos termos gerais[258].

Em todo o caso, para obviar dificuldades inerentes à própria dinâmica da mensagem de correio eletrónico, parece-nos prudente, na prática, que apenas sejam consideradas para efeitos de apreensão (em tese) mensagens de correio eletrónico em relação às quais existam sinais externos que permitam concluir pela sua abertura/leitura pelo destinatário (designadamente por se encontrar impressa ou fora da *mail-box*). Trata-se apenas de uma salvaguarda que consideramos relevante, não constituindo qualquer tentativa de distinção conceptual: conforme referimos, a mensagem só deixa de ser comunicação quando recebida, aberta e lida pelo destinatário.

Dir-se-á que o critério prático proposto não acautela potenciais abusos cometidos por alguém que se pretenda valer da distinção formal e potencialmente enganadora entre mensagem aberta e não aberta (designadamente, por tal mensagem se encontrar marcada como lida ou fora da *mail-box*[259]). Ora, ainda que o apontamento feito não pre-

[257] Nesse sentido, também, NEVES, Rita Castanheira (2011), p. 264.

[258] Cfr. artigo 48º-A do RGCO e 178º do CPP, este último aplicável com as necessárias adaptações.

[259] O que vale tanto para quem investiga, como para quem, pretendo valer-se dessa distinção formal e das suas consequências, pretenda criar uma "zona franca", não passível de apreensão. Em todo o caso, nada obsta a que a entidade que investiga capture uma imagem forense das mensagens que pretenda apreender, para, depois, desencadear as diligências necessárias para apurar se a mensagem foi efetivamente aberta e lida pelo destinatário.

vina potenciais abusos, que devem, em qualquer caso, ser sindicados de acordo com as regras gerais em matéria de proibições prova, constitui, inelutavelmente, uma salvaguarda adicional contra eventuais ingerências no conteúdo de comunicações. Acresce que é mais provável que uma mensagem marcada como lida tenha efetivamente sido aberta e lida pelo seu destinatário do que uma mensagem marcada como não lida tenha sido aberta e lida pelo destinatário.

Ainda assim, discordamos do entendimento segundo o qual, havendo vários destinatários, a mensagem só perderia o *status* de comunicação se e quando fosse recebida, aberta e lida e, portanto, conhecida, por todos eles. Com efeito, por um lado, se a mensagem foi conhecida por um dos destinatários, existe evidência inequívoca de que os serviços de telecomunicações não sofreram, aquando da transmissão da mensagem, qualquer interferência que pusesse em causa a confiança na respetiva integridade. Por outro lado, se é genericamente aceite que o destinatário pode consentir na abertura ou na tomada de conhecimento por terceiro (o que, conforme assinalámos, concordamos), podendo fazer o que bem entender com o documento, parecer-nos-ia incoerente sustentar que a mensagem só perderia a sua natureza comunicacional se e quando fosse conhecida por todos os destinatários. Assim, entendemos que a mensagem perde o *status* de comunicação logo que seja recebida, aberta e lida por um dos destinatários[260].

Aqui chegados, importa indagar se, ainda que, em rigor, a mensagem de correio eletrónico recebida, aberta e lida, não constitua já uma comunicação, goza, ainda assim, da tutela conferida pelo artigo 189º do CPP (hoje, em nossa opinião, com um âmbito de aplicação residual[261]) ou pela Lei do Cibercrime.

[260] Damos, porém, nota de que o Tribunal Constitucional recentemente qualificou como imprestável a distinção entre correspondência eletrónica aberta e fechada. Explanou que a garantia constitucional de inviolabilidade das comunicações abrange as mensagens de correio eletrónico enquanto permanecem na caixa do correio eletrónico, independentemente de ostentarem a informação de que se encontram abertas ou fechadas (acórdão nº 91/2023, disponível em www.tribunalconstitucional.pt). Em todo o caso, mantemos a nossa posição e correspondente distinção conceptual.

[261] Justamente por força da entrada em vigor da Lei do Cibercrime, que passou a disciplinar a apreensão de conversações e registos de comunicação que se encontrem em suporte digital (nesse sentido, *vide* o acórdão do Tribunal da Relação de Lisboa, proferido no âmbito do processo nº 184/12.5TELSB-B.L1-3, em 03.07.2018, disponível em www.dgsi.pt. Dá-se, em todo o

Diga-se, a este propósito, que, a respeito desta Lei, a doutrina e a jurisprudência têm evoluído para uma posição que desconsidera a distinção entre correio eletrónico lido e não lido pelo destinatário, o que se justificaria justamente pelas dificuldades práticas que uma tal distinção formal comporta[262]. Esta tem sido a corrente maioritária.

Ainda assim, a verdade é que encontramos ainda na jurisprudência arestos que mantêm a sobredita distinção. Exemplo disso é o recente acórdão do Tribunal da Relação de Lisboa, que volta a tratar de forma distinta, e já no domínio da Lei do Cibercrime, a mensagem de correio eletrónico que tenha sido recebida, aberta e lida. Segundo este aresto, «a mensagem aberta não será diferente de outros dados informáticos, como ficheiros contendo documentos resultantes de um processador de texto, folha de cálculo ou de um programa para criação ou apresentação digital de slides, que serão apreendidos à luz do artº 16º da Lei nº 109/2009». Acrescentando que, por se tratarem de mensagens já abertas, a autoridade judiciária não tem de tomar prévio conhecimento da respetiva junção[263].

Nesta senda, e transpondo a legislação existente no domínio do processo penal para o domínio das contraordenações, releva dar nota da posição de José Lobo Moutinho e Pedro Duro que veem[264], na extensão do regime previsto nos artigos 187º e 188º do CPP às conversações transmitidas por correio eletrónico, por via do respetivo artigo 189º, uma intenção clara do legislador no sentido de abranger as mensagens de correio eletrónico, independentemente de se tratar ainda de uma comunicação, abarcando, portanto, as mensagens de correio eletrónico enquanto

caso, nota de que, designadamente, Pedro Verdelho discorda de que o regime previsto na Lei do Cibercrime revogue ou colida com o disposto no artigo 189º do CPP. Para este autor, aquele preceito continua a vigorar para os demais crimes que não estejam consagrados na Lei do Cibercrime (Verdelho, Pedro (2009), p. 747. Esta posição, parece-nos, no entanto, criticável, considerando que as alíneas b) e c) do nº 1 do artigo 11º da Lei do Cibercrime são claras no sentido de o âmbito de aplicação da Lei não se esgotar aos crimes previstos nesse diploma.

262 Cardoso, Rui (2018), p. 56. *Vide*, também, o já mencionado acórdão do Tribunal Constitucional nº 91/2023.

263 Acórdão do Tribunal da Relação de Lisboa, proferido no âmbito do processo nº 184/ /12.5TELSB-R.L1-3, em 27.01.2021, disponível em www.dgsi.pt.

264 A respeito do Novo Regime Jurídico da Concorrência (Moutinho, José Lobo e Duro, Pedro (2017), pp. 319 e 320).

documentos produzidos na sequência das comunicações[265]. Aspeto que, segundo estes autores, teria ficado definitivamente resolvido com a entrada em vigor da Lei do Cibercrime, em particular face ao disposto no respetivo artigo 17º[266], o qual, não estabelecendo qualquer distinção entre mensagens de correio eletrónico abertas ou lidas de mensagens de correio eletrónico não abertas ou não lidas[267], dispõe que a respetiva apreensão é regida pelo regime da apreensão de correspondência previsto no CPP.

Portanto, para estes autores, estando em causa mensagens de correio eletrónico armazenadas em sistema informático, face à remissão constante da parte final do disposto no artigo 17º da Lei do Cibercrime para o regime da apreensão da correspondência previsto no CPP, a apreensão

[265] No mesmo sentido, PAULO PINTO DE ALBUQUERQUE: «As *comunicações já recebidas* pelo destinatário e guardadas em suporte digital estão incluídas no âmbito da proibição legal, como resulta do disposto no artigo 189º do CPP. Por exemplo, as mensagens de *email* (já abertas ou não) arquivadas no computador ou as mensagens arquivadas no cartão de telemóvel não podem ser aproveitadas como meio de prova de uma contra-ordenação. As comunicações já abertas, guardadas em suporte não digital, podem ser apreendidas» – ALBUQUERQUE, Paulo Pinto de (2011), pp. 159 e 160 (itálico destacado no texto original).

[266] Nos termos deste preceito, «[q]uando, no decurso de uma pesquisa informática ou outro acesso legítimo a um sistema informático, forem encontrados, armazenados nesse sistema informático ou noutro a que seja permitido o acesso legítimo a partir do primeiro, mensagens de correio eletrónico ou registos de comunicações de natureza semelhante, o juiz pode autorizar ou ordenar, por despacho, a apreensão daqueles que se afigurem ser de grande interesse para a descoberta da verdade ou para a prova, aplicando-se correspondentemente o regime da apreensão de correspondência previsto no Código de Processo Penal».

[267] Nesse sentido, CARDOSO, Rui (2018), p. 69 e RAMALHO, David Silva (2017), pp. 278 e 279. Também, em sentido idêntico, o TRL explanou que «o legislador [na lei do cibercrime] não quis admitir qualquer destrinça entre correio eletrónico fechado ou aberto, por considerar igualmente não existirem razões para considerar diminuídas as exigências garantísticas do correio eletrónico quando aberto relativamente ao correio eletrónico fechado, atenta a natureza própria destas comunicações». Tendo concluído que «[...] a lei do Cibercrime criou em relação à apreensão de "correio electrónico e registos de comunicações de natureza semelhante" um regime específico e unitário, que visou submeter ao regime da apreensão da correspondência, independentemente de as mensagens se encontrarem abertas ou fechadas. Deste modo, somos a entender que as mensagens de correio electrónico que se encontrem armazenadas num sistema informático só podem ser apreendidas mediante despacho prévio do Juiz de Instrução Criminal, devendo ser o juiz a primeira pessoa a tomar conhecimento do conteúdo da correspondência, conforme remissão expressa para o art. 179º do CPP» – processo nº 184/12.5TELSB-B.L1-3, proferido em 07.03.2018, disponível em http://www.dgsi.pt.

de tais mensagens estaria vedada, considerando que o artigo 42º, nº 1, do RGCO, impede quaisquer intromissões na correspondência.

Releva também dar nota, nesta sede, do entendimento de Gonçalo Anastácio e Diana Alfafar, a respeito do Novo Regime Jurídico da Concorrência. Se o artigo 42º do RGCO veda a apreensão de correspondência, então, a AdC não poderia recorrer ao CPP ou à Lei do Cibercrime para apreender mensagens de correio eletrónico que não estejam impressas[268].

A nossa posição é, porém, distinta. Entendemos que, quer a Lei do Cibercrime[269], quer o disposto no artigo 189º do CPP, não são subsidiariamente aplicáveis ao processo de contraordenação em geral e, por maioria de razão, ao processo de contraordenação setorial bancário, da competência do Banco de Portugal[270].

Começando pela Lei do Cibercrime, poder-se-ia, em tese, sustentar que, estando em causa infrações em relação às quais seria necessário proceder à recolha de prova em suporte eletrónico[271], tal diploma seria aplicável ao processo contraordenacional, na hipótese de tal pressuposto se verificar[272]. No entanto, cremos que uma tal asserção cai por terra, essencialmente por duas ordens de razão.

Em primeiro lugar, a Lei do Cibercrime foi especificamente pensada para a investigação criminal, em especial para o combate à criminali-

[268] Anastácio, Gonçalo e Alfafar, Diana (2017), p. 343.

[269] Porém, a jurisprudência tem partido do pressuposto de que a Lei do Cibercrime é aplicável, mormente nos processos por práticas restritivas da concorrência (vide, para o efeito, o recente acórdão do TC nº 91/2023).

[270] Importa assinalar, a este respeito, que o RGICSF se tem distanciado do regime da apreensão previsto no CPP e em outra legislação penal e processual extravagante, como é o caso da Lei do Cibercrime. De resto, o anteprojeto do CAB mantém, no essencial, a redação consagrada no artigo 215º do RGICSF, aspeto que foi inclusivamente assinalado pela APB, aquando do processo de consulta pública a respeito do anteprojeto do CAB, documento disponível em www.apb.pt, acessível em 01.03.2021.

[271] Artigo 11º, nº 1, alínea c).

[272] *Ex vi* artigo 41º, nº 1, do RGCO, *ex vi* artigo 232º do RGICSF. Damos, nesta sede, nota de que a jurisprudência tem assinalado, de forma consistente, que a aproximação do Direito das Contraordenações ao Direito Penal não impõe uma coincidência dos regimes de ambos ilícitos, dada a natureza dos interesses em causa, sendo, por conseguinte, materialmente justificável uma diferente expressão dos direitos dos arguidos, naturalmente mais interna no processo penal (entre outros, *vide*, o acórdão do STJ proferido no âmbito do processo nº 103/10.3TYLSB.L1-A.S1, em 03.11.2010, disponível em www.dgsi.pt).

dade informática. Com efeito, este diploma resulta da transposição para a ordem jurídica interna da Decisão Quadro nº 2005/222/JAI, do Conselho, de 24 de fevereiro[273]. Julgamos, pois, que nunca esteve no espírito do legislador que este diploma fosse subsidiariamente aplicável ao processo contraordenacional[274].

Em segundo lugar, a aplicação subsidiária ao processo contraordenacional dos preceitos reguladores do processo criminal – estando longe de ser uma matéria líquida – tem como pressuposto a não contrariedade em relação às normas reguladoras do RGCO, o que nos leva à apresentação da nossa segunda ordem de razão: cremos que a remissão feita na parte final do artigo 17º da Lei do Cibercrime para o regime da apreensão de correspondência previsto no CPP não é juridicamente inconsequente. O legislador, ao remeter, no artigo 17º da Lei do Cibercrime, para o regime da apreensão de correspondência previsto no CPP, quis equiparar as mensagens de correio eletrónico que se encontrem armazenadas em sistema informático à correspondência, pelo menos no que se refere à respetiva apreensão[275].

Ora, considerando que o artigo 42º, nº 1, do RGCO veda a intromissão na correspondência, não nos parece acertado sustentar a aplicação subsidiária da Lei do Cibercrime ao processo contraordenacional. Na verdade, ou bem que a lei se aplica, e se aplica na sua totalidade – o que, porventura, implicaria admitir a revogação tácita do artigo 42º, nº 1, do RGCO, aceitando que, nas condições previstas nessa lei, a apreensão de correspondência seria permitida (não nos parecendo que tal tenha sido sequer equacionado pelo legislador, para o processo de contraordena-

[273] *Vide*, a este respeito, Verdelho, Pedro (2009), p. 2.

[274] *Vide*, a este propósito, o Acórdão do Tribunal da Relação de Lisboa, proferido no âmbito do processo nº 71/18.3YUSTR-D.L2, em 04.03.2020: «[a]figura-se-nos que a Lei do Cibercrime não pode ser aplicada à situação dos presentes autos, porquanto os seus normativos processuais se aplicam somente a "processos relativos a crimes" ali previstos, ou cometidos por meio de um sistema informático, ou "em relação aos quais seja necessário proceder à recolha de prova em suporte eletrónica».

[275] Não cremos com isto dizer que a remissão para o regime da apreensão da correspondência deva ser feita de forma acrítica, nem somos alheios às cautelas que tal tema convoca. Veja-se a este propósito, Cardoso, Rui (2018), p. 79 e seguintes. No entanto, independentemente do conteúdo e extensão dessa remissão, parece-nos inegável que o legislador, ao remeter para o regime da apreensão de correspondência, quis, de facto, conferir àquelas mensagens, naquele estádio, tutela idêntica à correspondência.

ção) –, ou a lei não se aplica, e não se aplica de todo (sem colisão com o artigo 42º do RGCO)[276].

Não sendo tal diploma aplicável, como é a nossa opinião, não nos parece coerente recorrer ao mesmo para delimitar – de forma adicional ao disposto no artigo 34º da CRP – que mensagens de correio eletrónico não seriam passíveis de apreensão: aquelas que, nos termos da Lei do Cibercrime, teriam um tratamento idêntico à correspondência em matéria de apreensão.

Assim, estamos em crer que, no domínio do processo contraordenacional, tendo a mensagem de correio eletrónico cumprido o respetivo circuito comunicacional, não sendo, por conseguinte, comunicação, a mesma é passível de apreensão, nos termos do artigo 48º-A do RGCO e, no caso que nos ocupa, nos termos do artigo 215º, nº 3, do RGICSF (norma especial), na medida em que, a partir desse momento, constitui um mero documento.

Dir-se-á que este entendimento conduziria a soluções desproporcionadas, na medida em que estaríamos a admitir para o processo de contraordenação (em relação ao qual a tutela dos bens jurídicos é, por natureza, menos intensa) um regime mais permissivo do que o previsto para o processo penal. Não obstante reconheçamos a pertinência da crítica, não podemos olvidar que a solução proposta não colide com o núcleo da tutela do sigilo da correspondência e das telecomunicações (impulsos comunicativos fechados[277]), o qual continua intocado.

Ademais, cremos que também não se afigura correto sustentar a aplicação subsidiária do artigo 189º do CPP, como forma de vedar a apre-

[276] Estabelecendo um paralelismo com o Novo Regime da Concorrência, Gonçalo Anastácio e Diana Alfafar sustentam que «[...] tão pouco se poderá autorizar a AdC a apreender mensagens de correio eletrónico com base numa aplicação subsidiária dos regimes para a apreensão de correio eletrónico estabelecidos no CPP ou na Lei do Cibercrime. Em primeiro lugar porque, como vimos, os artigos 42º do RGCO e 34º, nº 4 da CRP afastam a possibilidade de apreensão de correspondência em processos de contraordenação, impedindo assim a apreensão de correio eletrónico nos termos do artigo 17º da Lei do Cibercrime. Por outro lado, o regime das escutas consagrado no nº 1 do artigo 189º do CPP apenas se aplica nos tais casos restritos do artigo 187º do CPP, já mencionados.» – Anastácio, Gonçalo e Alfafar, Diana (2017), p. 344. Estes autores não excluem, no entanto, em abstrato, a aplicação da Lei do Cibercrime ao processo contraordenacional, aspeto com o qual, pelas razões acima apontadas, não concordamos.

[277] Correia, João Conde (2020), p. 641.

ensão de mensagens de correio eletrónico que tenham sido recebidas, abertas e lidas e que se encontrem armazenadas em suporte digital, essencialmente pela seguinte ordem de razão: tal preceito tem, atualmente, e conforme tivemos oportunidade de elucidar, conteúdo residual, justamente em razão da sua atual coexistência com a Lei do Cibercrime, que revogou parcialmente aquele preceito do CPP. Ou seja, a apreensão de dados de conversações/comunicações que se encontram em suporte digital obedece agora à disciplina própria da Lei do Cibercrime (artigos 15º, 16º e 17º)[278]. Por essa razão, não nos parece acertado ficcionar que a Lei do Cibercrime não teria acarretado a revogação parcial do artigo 189º do CPP, para, logo a seguir, o "repristinar" e o aplicar ao processo de contraordenação, na sua redação originária[279]. Em todo o caso, a verdade é que existem diversos arestos que, incidindo sobre o artigo 189º do CPP, continuam a traçar uma distinção entre mensagem aberta e lida e mensagem não aberta e não lida, com especial incidência na utilização, em processo penal, de mensagens escritas (SMS)[280].

Assim, e em suma, o nosso entendimento, nesta matéria, é o de que a mensagem de correio eletrónico que tenha sido recebida, aberta e lida pelo respetivo destinatário, por não beneficiar já da tutela conferida à correspondência e às telecomunicações, pode, em tese, ser apreendida pela autoridade administrativa, justamente porque não está em causa uma «intromissão na correspondência ou nos meios de telecomunicação», estando, por isso, intocada a confiança da comunidade de que as missivas chegam aos seus destinatários sem perturbações. Adicionalmente, não são subsidiariamente aplicáveis quer o regime constante da Lei do Cibercrime, quer o hoje parcialmente revogado artigo 189º do CPP.

[278] Nesse sentido, Milheiro, Tiago Caiado [et al.] (2020), p. 813. Em sentido contrário, Verdelho, Pedro (2009), p. 746.

[279] Entendimento que, salvo melhor opinião, parece estar implícito na posição de Paulo Pinto de Albuquerque, quando refere que «[a]*s comunicações já recebidas* pelo destinatário e guardadas em suporte digital estão incluídas no âmbito da proibição legal, como resulta do artigo 189º do CPP. Por exemplo, as mensagens de email (já abertas ou não) arquivadas no computador ou as mensagens arquivadas no cartão de telemóvel não podem ser aproveitadas como meio de prova de uma contra-ordenação» – Albuquerque, Paulo Pinto (2011), p. 159 (itálico destacado no texto original).

[280] A título de exemplo, acórdãos do Tribunal da Relação do Porto, proferidos, respetivamente, no âmbito dos processos nº 1145/08.4PBMTS.P1, em 20.01.2016, e nº 74/07.3PASTS.P1, em 22.05.2013, disponíveis em www.dgsi.pt.

Regressando ao objeto do nosso estudo, cremos, em qualquer caso, que a problemática acima descrita acaba, na prática, por ser ultrapassada pelas circunstâncias particulares em que a transferência das mensagens de correio eletrónico para o processo contraordenacional ocorre[281]: estamos, em princípio, a tratar de mensagens necessariamente recebidas, abertas e lidas pelos seus destinatários, na medida em que foram por estes cedidas e recolhidas pelo investigador no decurso da investigação interna, cumprindo as condições descritas no Capítulo II.

Ora, a mensagem de correio eletrónico recolhida nestes termos – ressalvados eventuais abusos que sejam cometidos pelo investigador ou pelo empregador, que adiante elucidaremos a respeito das proibições de prova –, cumpriu o seu circuito comunicacional, não estando já, sequer, pelo menos exclusivamente, na esfera jurídica (e, por maioria de razão, no computador) do remetente e do destinatário originários.

De todo o modo, nem por isso o conteúdo da mensagem de correio eletrónico deixa de merecer, em abstrato, a tutela conferida à privacidade, sendo a propósito deste ponto que a análise expendida no Capítulo II do presente trabalho se interliga com a análise constante do presente Capítulo. O tratamento que se segue é um tratamento bifurcado, em função do(s) concreto(s) interveniente(s) da mensagem.

3.2. Na perspetiva do colaborador da instituição

Conforme tratámos a respeito do Capítulo II *supra*, por regra[282], só é admitida a recolha, pelo investigador, de mensagens de correio eletrónico que tenham natureza exclusivamente profissional e na estrita

[281] A propósito da discussão em torno da eventual aplicação subsidiária da Lei do Cibercrime ao processo contraordenacional, ainda que se entendesse que a mesma seria aplicável, o que não se concede, parece-nos que o respetivo artigo 17º nunca teria aplicação ao caso objeto do nosso estudo, desde logo porque a recolha não é consequência de uma «pesquisa informática ou outro acesso legítimo a um sistema informático». Na verdade, conforme se referiu anteriormente, as mensagens de correio eletrónico serão recolhidas pelo BdP, na estrita medida em que as mesmas constituem parte integrante do relatório produzido pela IC, voluntariamente apresentado ou na sequência de notificação do BdP ao abrigo do nº 3 do artigo 215º do RGICSF.

[282] Dizemos por regra, na medida em que, tratando-se de mensagem pessoal ou extraprofissional, a mesma só pode ser recolhida se o trabalhador consentir nessa recolha.

medida em que se encontrem assegurados os pressupostos atinentes ao tratamento de dados pessoais[283].

Ora, na medida em que concluímos que numa investigação interna somente é admissível a recolha de mensagens de correio eletrónico de natureza profissional – estando, por conseguinte, vedada a recolha de quaisquer mensagens de natureza privada ou extraprofissional, salvo consentimento do colaborador (nos termos e nas condições *supra* descritos no Capítulo II do presente trabalho) –, admitindo que a instituição cumpriu esta diretriz, a tutela da privacidade, pelo menos no que ao colaborador da instituição diz respeito, deixa, a nosso ver, de fazer sentido. A recolha teve justamente como fundamento o facto de a concreta mensagem não conter quaisquer elementos ou informações pessoais ou extraprofissionais[284].

Adicionalmente, nas hipóteses em que a mensagem contenha elementos ou informações pessoais ou extraprofissionais, a entrega só ocorreu porque o colaborador deu o seu consentimento (conhecendo e prevendo que a transferência para o processo contraordenacional e a correspondente utilização como meio de prova seriam uma possibilidade). Nestes casos, o colaborador deve ser expressamente advertido da possibilidade de a mensagem de correio eletrónico poder ser transferida para o BdP, sob pena de o consentimento não ser válido em toda a sua extensão[285].

Deste modo, no que se refere ao colaborador da instituição, admitindo que a recolha da mensagem de correio eletrónico teve lugar nas condições *supra* descritas, não vislumbramos, em abstrato, quaisquer obstáculos à respetiva transferência para o processo contraordenacional[286].

[283] O que, no contexto laboral, implica a observância dos requisitos descritos no Capítulo II.

[284] Nos termos do disposto no artigo 22º, nº 1, do CT.

[285] Sendo aconselhável que, do auto de entrega, conste uma qualquer declaração do trabalhador que ateste que tomou conhecimento dessa possibilidade.

[286] O fundamento do tratamento de dados reside na alínea e) do nº 1 do artigo 6º do RGPD. Este fundamento «[...] pode abranger as situações nas quais o responsável pelo tratamento comunique, de forma proactiva, dados a um terceiro investido de tal autoridade pública. Tal pode acontecer, por exemplo, no caso de um responsável pelo tratamento se aperceber de que foi cometido um crime e facultar essa informação às autoridades competentes por

Porém, se a mensagem tiver como interveniente um terceiro, o percurso lógico não é exatamente o descrito. É o que veremos de seguida.

3.3. Na perspetiva de um terceiro que figure na mensagem de correio eletrónico

Pode suceder que na mensagem de correio eletrónico, para além de figurar um colaborador da instituição, figure também um terceiro[287]. A recolha, nestas circunstâncias, ocorreria, muito provavelmente, sem a intervenção daquele, que pode nem ter conhecimento da utilização da mensagem no contexto de uma investigação, mais a mais da sua potencial transferência para o Banco de Portugal, no contexto de um processo contraordenacional. Esta possibilidade é, à primeira vista, alarmante. Mais alarmante se afiguraria se pensarmos na possibilidade de a mensagem de correio eletrónico poder conter, na perspetiva do terceiro, menções ou declarações autoinculpatórias.

Existem, contudo, vários pontos a tomar em consideração. O primeiro prende-se com a natureza da informação veiculada (confidencial ou não confidencial), o segundo com a qualidade do destinatário e o terceiro com a qualidade do próprio Supervisor e do respetivo âmbito de intervenção, enquanto destinatário último da mensagem de correio eletrónico.

Ainda que não em termos exatamente coincidentes, tem interesse estabelecer um paralelismo com o Direito Civil em matéria de cartas missivas. No Direito Civil, a menos que o remetente de uma carta missiva lhe atribua natureza confidencial[288], a mesma não tem tal natureza. Ora, sendo a missiva confidencial, a mesma só pode ser publicada «com o consentimento do seu autor»[289]. Não sendo confidencial, o destinatá-

iniciativa própria» – Parecer 06/2014 sobre o conceito de interesses legítimos do responsável pelo tratamento de dados na aceção do artigo 7º da Diretiva nº 95/46/CE, do PE e do Conselho, p. 29, disponível em https://ec.europa.eu, acessível em 25.04.2020.

[287] No sentido de pessoa externa à instituição. Para este exercício, vamos assumir que esse terceiro é cliente da instituição.

[288] Fazendo o paralelismo com o regime previsto no CC, a propósito das cartas-missivas confidenciais (artigo 75º), «[a] natureza confidencial da carta missiva deve resultar de declaração feita pelo seu autor. Esta declaração não tem, todavia, de ser expressa» (Lima, Pires de e Varela, Antunes, (1987), p. 107).

[289] Cfr. artigo 76º, nº 1, do CC.

rio apenas pode publicá-la se a publicação não contrariar a expetativa do autor[290]. A doutrina tem interpretado o termo publicar no seu sentido mais literal, portanto, no sentido de não incluir a mera tomada de conhecimento ou a divulgação que não implique publicação[291]. Este entendimento parece-nos acertado, desde logo porque o intérprete deve presumir que o legislador se soube exprimir corretamente e da forma mais adequada[292].

Estabelecendo um paralelismo com o regime que acabou de se descrever, mesmo na hipótese de o remetente não atribuir natureza confidencial à mensagem de correio eletrónico, a mesma só poderia ser publicada se tal publicação não contrariasse a expetativa do autor.

Delimitado o regime geral, o nosso caso, porém, apresenta, desde logo uma especificidade: a confidencialidade da mensagem pode resultar *ope legis*, não estando dependente de qualquer manifestação de vontade (expressa ou tácita) do remetente, na medida em que, nos termos da lei, a IC tem o dever de guardar segredo em relação «a factos ou elementos respeitantes à vida da instituição ou às relações desta com os seus clientes[293] cujo conhecimento lhes advenha exclusivamente do exercício das suas funções ou da prestação dos seus serviços»[294]. A mensagem poderá, por isso, e por força da lei, ser confidencial, na medida em que o dever de segredo confere, por si só, confidencialidade à mensagem.

Contudo, na estrita perspetiva da confidencialidade, não estando em causa a respetiva publicação, mas apenas a sua divulgação ao Banco de Portugal, conforme antevimos, a questão não se coloca, sequer, em termos abstratos, na medida em que a lei civil apenas veda a publicação. Ora, a transferência do conteúdo de determinada mensagem para um

[290] Cfr. artigo 78º do CC.

[291] Nesse sentido, ANDRADE, Manuel da Costa (1999), p. 756 e CORREIA, João Conde (2020), pp. 642 e 643.

[292] Cfr. artigo 9º, nº 3, do CC.

[293] O termo cliente deve ser interpretado num sentido lato, abrangendo quer as pessoas (singulares ou coletivas) com as quais a instituição tem uma determinada relação contratual, como as pessoas que estiveram em vias de contratar ou cuja relação contratual cessou por qualquer motivo.

[294] Cfr. artigo 78º, nº 1, do RGICSF.

processo contraordenacional não pode ser considerada uma publicação, mas apenas divulgação.

Adicionalmente, no que se refere ao segredo bancário, importa referir que o destinatário da mensagem não é um destinatário qualquer. É uma IC, sujeita, por isso, e de forma conatural, à supervisão do BdP, com o conteúdo e a extensão previstos na lei. Ora, quando o remetente envia a sua mensagem à IC (aos respetivos colaboradores), conhece ou, pelo menos, devia conhecer esta circunstância. De facto, conforme tem vindo a ser referido ao longo do presente trabalho, a IC, em matéria de controlo de cumprimento, deve cuidar, de forma autorregulada, do cumprimento da lei, como modo de assegurar o regular funcionamento da atividade bancária, assim preservando a estabilidade dos mercados financeiros e a confiança que os cidadãos neles depositam. Nesse sentido, não obstante a instituição (e todos que nela exerçam funções) tenha o dever de guardar segredo relativamente a factos que respeitem à sua relação com os seus clientes, tal dever não é absoluto, cedendo em determinadas circunstâncias.

Com efeito, nos termos do disposto na alínea a) do nº 2 do artigo 79º do RGICSF, «[f]ora do caso previsto no número anterior [a hipótese de o cliente consentir na revelação dos factos sujeitos a segredo], os factos e elementos cobertos pelo dever de segredo só podem ser revelados: [...] a) Ao Banco de Portugal, no âmbito das suas atribuições». Ora, quando o BdP, na sequência de um processo de contraordenação, pretende obter, por uma das vias acima descritas, mensagens de correio eletrónico que tenham sido recolhidas no decurso de uma investigação interna, está, naturalmente, a atuar ao abrigo das suas atribuições[295] (supervisão sancionatória).

Nesse sentido, à luz do RGICSF, parece-nos que a tutela legal conferida a esse terceiro (cliente), através do segredo bancário, cede em prol de valores protegidos como a estabilidade e a confiança no sistema financeiro, bem como o regular funcionamento da atividade bancária[296].

[295] Cfr. artigo 17º da Lei Orgânica do BdP.

[296] Este entendimento parece sair reforçado pela leitura do nº 6 do artigo 215º do RGICSF, segundo o qual «[s]empre que, no decurso de uma busca, sejam apreendidos equipamentos ou suportes de informação que sejam suscetíveis de conter informação que não respeite apenas a clientes, operações ou informação de natureza contabilística e prudencial da instituição, são os mesmos apresentados à autoridade judiciária competente [...]», na medida em

Em suma, nos termos e com aqueles fundamentos, parece-nos que as mensagens de correio eletrónico que tenham sido imprimidas e recolhidas no decurso de uma investigação interna, nas quais figure um terceiro (cliente), podem, em abstrato, ser divulgadas ao BdP e, por conseguinte, transferidas para determinado processo contraordenacional, na medida em que as mesmas se revelem necessárias à instrução de processos da sua competência.

A questão que imediatamente se coloca é a de saber se a instituição se pode recusar a entregar mensagem de correio eletrónico, alegando, por hipótese, que a mesma tem natureza privada e que foi cedida na condição de ser exclusivamente utilizada no contexto da investigação interna.

Salvo melhor opinião, a resposta é afirmativa. O direito potestativo que assiste ao BdP terá sempre como limite a reserva da vida privada (artigo 42º, nº 2, do RGCO). Estamos, no entanto, bem cientes de que este entendimento potencia abusos por parte das instituições. Em todo o caso, o Banco de Portugal não estará impedido de solicitar o auto de entrega da mensagem de correio eletrónico e de ouvir o colaborador em causa, como testemunha, para averiguar e comprovar em que condições a entrega de determinada mensagem teve efetivamente lugar.

Há, no entanto, que precisar que nem todas as mensagens de natureza pessoal têm natureza privada, na aceção do sobredito artigo 42º do RGCO. Conforme referimos no Capítulo II, tem natureza pessoal ou extraprofissional qualquer mensagem que não tenha natureza profissional, mas isso não significa que qualquer mensagem pessoal (cujo conteúdo é extraprofissional) tenha natureza privada[297].

que, sendo a informação restrita àqueles elementos (clientes, operações ou informação de natureza contabilística e prudencial da instituição), o BdP pode tomar conhecimento dela sem o crivo da autoridade judiciária competente.

[297] Conforme daremos nota nos pontos 5.2 e 5.3 *infra*.

4. O problema do direito ao silêncio e à não autoinculpação[298]

4.1. Introdução

Constatámos, nas linhas que antecedem, que as mensagens de correio eletrónico que tenham sido recolhidas e imprimidas no contexto de uma investigação interna podem ser objeto de transferência para um processo contraordenacional em curso.

A questão que inelutavelmente se coloca consiste em saber se a instituição em causa se pode recusar a entregar os mencionados elementos, invocando, *per se*, isto é, independentemente do conteúdo da mensagem de correio eletrónico, o direito ao silêncio e à não autoinculpação[299]. E, adicionalmente, como subquestão relacionada com a primeira enunciada, consiste em saber que tratamento dar às mensagens de correio eletrónico que contenham declarações autoinculpatórias.

Para responder às questões enunciadas, importa primeiramente traçar o fundamento e o alcance do direito ao silêncio e à não autoinculpação.

4.2. Fundamento e alcance do direito ao silêncio e à não autoinculpação

Segundo o princípio *nemo tenetur se ipsum accusare*[300], ninguém é obrigado a admitir a sua participação numa infração, contribuindo para a sua própria inculpação[301]. Não obstante este princípio não surja expressamente consagrado na CRP[302], o mesmo tem consagração expressa no

[298] Acolhemos a expressão utilizada por Augusto Silva Dias e Vânia Costa Ramos, por nos parecer mais adequada às contraordenações, na medida em que não há uma incriminação, no sentido da assunção da prática de um crime (Dias, Augusto Silva e Ramos, Vânia Costa (2009)).

[299] «Embora não tenham exatamente o mesmo conteúdo, o direito ao silêncio e o direito à não autoincriminação estão incindivelmente ligados: não lhe sendo reconhecido o direito a manter-se em silêncio, o arguido seria obrigado a pronunciar-se revelando informações que o podem eventualmente prejudicar na medida em que contribuem para a sua condenação» – Dias, Jorge de Figueiredo e Andrade, Manuel da Costa (2009), p. 38.

[300] Sobre a origem do princípio *nemo tenetur*, *vide* Dias, Augusto Silva e Ramos, Vânia Costa (2009), pp. 9 a 14.

[301] Mendes, Paulo Sousa (2009), p. 15.

[302] Acerca da divergência entre a tese substantiva e a tese processualista, *vide* Dias, Jorge de Figueiredo e Andrade, Manuel da Costa (2009), pp. 40 e seguintes.

CPP, «na vertente do direito ao silêncio (arts. 61º, nº 1, al. d), 132º, nº 2, 141º, nº 4, al. a), e 343º, nº 1, do CPP)»[303].

O aludido princípio é aplicável aos processos de contraordenação[304], por via do disposto no nº 10 do artigo 32º e nº 4 do artigo 20º, ambos da CRP[305].

Relativamente ao alcance do direito ao silêncio[306] e à não autoinculpação[307], importa, a título prévio, recordar o que atrás referimos a propósito dos especiais deveres de colaboração da IC, enquanto entidade supervisionada, para com o supervisor, *in casu*, o BdP.

A este propósito escreveu Frederico da Costa Pinto que «[a]s entidades que atuam profissionalmente ou de forma qualificada no mercado de valores mobiliários e que estão, por isso, sujeitas a um acompanhamento regular da CMVM (artigo 359º do CdVM) têm o dever legal de prestar toda a colaboração solicitada à autoridade de supervisão [...]»[308]. Apesar de este entendimento ter sido exposto no âmbito de um parecer que tinha como elemento fáctico o subsetor de mercado de valores mobiliários e, por conseguinte, a relação entre a entidade supervisionada e a CMVM, o mesmo é, quanto a nós, integralmente extensível ao setor bancário, enquanto subsetor do mesmo setor financeiro. Deve acrescentar-se, a esse propósito, que «[o] facto de existir em abstracto tutela sancionatória para garantir este regime de transparência absoluta e a efectividade dos poderes da autoridade de supervisão em nada colide

[303] Dias, Augusto Silva e Ramos, Vânia Costa (2009), p. 14.

[304] «[D]e acordo não só com a Constituição, mas também com a Convenção Europeia dos Direitos do Homem o direito ao silêncio, enquanto garantia de defesa, deve estender-se a qualquer processo onde possam ser aplicadas sanções de carácter punitivo, ainda que não criminal.» (Dias, Jorge de Figueiredo e Andrade, Manuel da Costa (2009), pp. 46).

[305] Mendes, Paulo Sousa (2009), p. 16.

[306] Este direito «traduz-se na faculdade reconhecida ao arguido de não se pronunciar sobre os factos que lhe são imputados [...].» (acórdão do TC, proferido no processo nº 298/2019, em 15.05.2019, disponível em http://www.tribunalconstitucional.pt)

[307] Este direito «impede a transformação do arguido em meio de prova por via de uma colaboração involuntária obtida com recurso a meios coercivos ou enganosos.» (acórdão do TC, proferido no processo nº 298/2019, em 15.05.2019, disponível em http://www.tribunalconstitucional.pt)

[308] Pinto, Frederico Costa (2009), pp. 81 e seguintes.

com a concreta posição jurídica dos visados ao ponto de converter os elementos fornecidos numa prova proibida [...]»[309].

Dito isto, no que releva para efeitos do presente trabalho, pelo menos três teses podem ser avançadas quanto à relação entre o citado dever de colaboração e o alcance do direito ao silêncio e à não autoinculpação, no âmbito das contraordenações.

A primeira, preconizada por AUGUSTO SILVA DIAS e VÂNIA COSTA RAMOS reconhece ao arguido o direito de recusar contribuir, por que forma for, designadamente através da entrega de quaisquer documentos, para a sua autoinculpação[310]. Não obstante estes autores reconheçam o dever de colaboração como contrapartida dos poderes de supervisão, consideram que nestes não está incluído o poder de instruir processos de contraordenação[311]. Segundo AUGUSTO SILVA DIAS, se, num vulgar procedimento administrativo, um sujeito pode legitimamente recusar-se a entregar um documento, invocando justamente o direito ao silêncio e à não autoinculpação, não faria sentido, e atentaria contra o princípio da proporcionalidade, que o visado não o pudesse fazer num processo de contraordenação no qual é possível aplicar coimas que rondam os milhões de euros[312]. Portanto, segundo estes autores, a imposição forçada de fornecer prova e de assim contribuir para a autoinculpação só se justifica se estiverem em jogo direitos ou interesses de valor social e constitucional prevalecente[313].

Esta tese tem merecido críticas por parte da doutrina, que nos parecem acertadas. FREDERICO COSTA PINTO refere que um tal entendimento criaria «uma zona franca de responsabilidade: qualquer elemento entregue à supervisão que viesse mais tarde a ser relacionado com uma infração não poderia ser usado como prova. Como não há processo sancionatório sem prova, as competências contraordenacionais das

[309] PINTO, Frederico Costa (2009), pp. 85 e seguintes.

[310] DIAS, Augusto Silva e RAMOS, Vânia Costa (2009), p. 25.

[311] DIAS, Augusto Silva (2010), p. 248.

[312] DIAS, Augusto Silva (2018), p. 201. Esta primeira tese, debruçando-se especificamente sobre os aludidos pareceres prestados por FREDERICO COSTA PINTO e por Jorge de FIGUEIREDO DIAS e MANUEL DA COSTA ANDRADE, discorda que a previsão de deveres de cooperação entre a entidade supervisora e o supervisionado operem uma restrição legislativa à vigência do *nemo tenetur* – DIAS, Augusto Silva (2010), pp. 249 e 250.

[313] DIAS, Augusto Silva e RAMOS, Vânia Costa (2009), p. 25.

autoridades ficariam inutilizadas através de uma espécie de imunização antecipada conseguida na fase da supervisão»[314]. Também Helena Bolina refere que a tese pugnada pelos referidos autores inutilizaria a possibilidade de exercer a tarefa de supervisão, a qual seria condição essencial para a tutela do sistema financeiro prevista na Constituição[315].

A segunda tese, pugnada por Jorge de Figueiredo Dias e Manuel da Costa Andrade – que adjetivaríamos de tese maioritária – sustenta que os deveres de colaboração entre as entidades supervisionadas e o supervisor operam uma restrição ao princípio do *nemo tenetur*. Tal restrição encontra justificação nas funções estaduais de controlo e vigilância exercidas pelas entidades reguladoras, podendo tais informações ser utilizadas num processo de contraordenação[316].

Paulo Sousa Mendes, alinhado com esta segunda tese, destaca que sobre o arguido recai, tão-somente, o dever de «fornecer as informações estritamente factuais que lh[e] forem pedidas e os documentos preexistentes referenciados pelas autoridades reguladoras»[317].

Esta segunda tese teve acolhimento na nossa jurisprudência, merecendo destaque o acórdão do TC nº 461/2011, segundo o qual, no âmbito contraordenacional, dada a diferente natureza do ilícito e a sua menor ressonância ética, por comparação com o ilícito criminal, se justifica uma compressão do direito à não autoincriminação (*rectius*, à não autoinculpação), face aos deveres de colaboração que funcionam como contrapartida do exercício de atividades económicas sujeitas a regulação[318].

Também o Tribunal da Concorrência, Regulação e Supervisão explanou que a compressão do princípio *nemo nenetur*, na vertente da salvaguarda do direito à não autoincriminação, está justificada à luz do princípio da legalidade, sendo proporcional face à importância da estabilidade do setor financeiro como propulsor da atividade económica e ao

[314] Pinto, Frederico Costa (2009), pp. 106 e 107.

[315] Bolina, Helena Magalhães (2013), p. 411.

[316] Dias, Jorge de Figueiredo e Andrade, Manuel da Costa (2009), pp. 48 e 49. Em sentido coincidente, embora com algumas derivações, Mendes, Paulo Sousa (2009), p. 28, Palma, Maria Fernanda (2009), pp. 1 e 2 e, mais recentemente, Santos, Filipe Matias (2020), p. 497.

[317] Mendes, Paulo Sousa (2018), p. 460.

[318] Acórdão do TC nº 461/2011, disponível em www.tribunalconstitucional.pt.

bem-estar dos cidadãos e consumidores, cuja efetividade dependerá de um eficaz acompanhamento pelo BdP. A este incumbe obter junto das entidades sujeitas à sua supervisão, as informações que considere pertinentes, assim relevando no processo contraordenacional a prova documental obtida na supervisão[319].

Por seu turno, a terceira tese, preconizada por Frederico Costa Pinto, sustenta, ao invés, que «[o] direito ao silêncio abrange apenas e só o direito a não responder a perguntas ou prestar declarações sobre os factos que lhe são imputados e não abrange o direito de recusar a entrega de elementos que estejam em seu poder»[320]. Ou seja, de acordo com este entendimento, o arguido tem o dever de entregar os documentos que se encontrem na sua posse, quando assim seja solicitado pelo supervisor, salvo se os mesmos consubstanciarem ou integrarem, eles próprios, declarações sobre os factos que lhe são imputados. Este autor enquadra assim a impossibilidade de recusar a entrega de documentos e a prestação de informações no dever de sujeição a diligências de prova, previsto no artigo 61º, nº 6, alínea d), do CPP[321].

Ainda segundo este autor, estando em curso determinado processo contraordenacional, ocorre uma cessação parcial dos deveres de colaboração do arguido para com o supervisor[322]. Assim, o que se veda é apenas a interferência no conteúdo essencial do direito à não autoincriminação: o direito a não declarar contra si próprio.[323]

[319] Sentença proferida no processo judicial nº 182/16.0YUSTR.

[320] Pinto, Frederico Costa (2009), p. 95. Nesse sentido, também, o acórdão do TRL, proferido no processo nº 2140/08-9, em 30.10.2008, disponível em https://www.cmvm.pt, acessível em 18.01.2020.

[321] Pinto, Frederico Costa (2009), pp. 96 e 97.

[322] «[Q]uando já está em curso um processo de contra-ordenação, deve entender-se, em minha opinião, que cessa parcialmente o dever de colaboração do arguido relativamente aos factos que o possam responsabilizar, passando a ter direito ao silêncio (isto é, a não prestar declarações sobre os factos que o podem responsabilizar), por aplicação subsidiária das regras do processo penal. [...] O arguido tem direito ao silêncio relativamente a factos que o podem responsabilizar, mas já não pode ocultar ou dissipar factos ou elementos relativos a outras pessoas ou relativamente à entidade colectiva a que pertence [...].» (Pinto, Frederico Costa (2009), p. 95)

[323] Também o TRE explanou que «[o] cumprimento do dever de prestar informações completas e verdadeiras ao Banco de Portugal, sob pena de prática da contraordenação prevista e punível pelo artigo 211º do Regime Geral das Instituições de Crédito e Sociedades Finan-

Pela sua relevância e interesse, importa ainda dar nota da solução proposta por Sandra Oliveira e Silva. Reconhecendo a importância do dever de colaboração para a efetivação dos deveres de vigilância e de controlo que estão a cargo das entidades reguladoras, a autora traça uma distinção entre provas comunicativas e provas não comunicativas. As provas comunicativas seriam todos os elementos que reclamem do visado a revelação não desejada do seu conhecimento sobre os factos, designadamente através da entrega de documentos preexistentes, mas de existência e localização não concretamente conhecidas. Ao invés, as provas não comunicativas, referir-se-iam aos elementos de existência e localização conhecidas[324].

Salvo melhor opinião, aderimos aos argumentos expendidos pela tese sustentada por Frederico Costa Pinto, a qual tem plena aplicação à atividade de supervisão que é levada a cabo pelo Banco de Portugal. Como refere Sandra Oliveira e Silva, nos setores de atividade regulados por autoridades administrativas, o cumprimento das funções de vigilância e controlo não é compatível com a mobilização de recursos típicos do processo penal, como revistas e as buscas, tornando-se, pois, essencial que aqueles que intervêm nesse mercado colaborem com as entidades reguladoras[325].

Acresce que, no confronto entre os deveres de colaboração impostos e o direito ao silêncio e à não autoinculpação, parece-nos que o núcleo essencial deste último reside, conforme tem sido assinalado pela doutrina e pela jurisprudência, no direito que assiste ao arguido de não declarar sobre os factos, em moldes que tal conduta possa representar a sua autoinculpação. Mas não lhe confere o direito de recusar a entrega de documentos (existentes à data do pedido) que se encontrem na sua posse, mesmo que os mesmos possam vir a servir de meio de prova para fundar a responsabilidade contraordenacional do arguido.

No que se refere à solução proposta por Sandra Oliveira e Silva, embora não discordemos da mesma, por princípio, e, de resto, nos

ceiras, não viola o direito à não autoincriminação ou o direito ao silêncio da ora arguida» (acórdão proferido no processo nº 35/12.0YQSTR.E1, em 07.11.2013, disponível em http://www.dgsi.pt).

324 Silva, Sandra Oliveira e (2019), pp. 147 a 150.

325 Silva, Sandra Oliveira e (2019), p. 139.

pareça conciliável com a solução que acolhemos, parece-nos que, em relação ao objeto do nosso estudo, tal como o prefiguramos, a questão, na prática, não se coloca, considerando a dinâmica própria ínsita ao pedido de elementos feito ao abrigo do artigo 215º, nº 3, do RGICSF. Este proporcionará sempre ao visado o tempo e ponderação necessários para efeitos de entrega dos elementos solicitados, considerando que são os próprios visados que localizam e entregam os documentos (no limite, o visado, sujeitar-se-á às cominações previstas na lei, caso decida não entregar os documentos, podendo, em sede do correspondente processo de contraordenação, apresentar as razões, porventura excludentes da ilicitude ou da culpa, que explicam a não entrega).

Há, no entanto, um aspeto que importa sinalizar a propósito do artigo 215º, nº 3, do RGICSF: a letra da lei abrange, para além das pessoas e entidades supervisionadas, "quaisquer outras pessoas", assim se distanciando da solução que encontramos consagrada no CdVM[326]. A diferente redação entre o RGICSF (presente, também, no anteprojeto do CAB[327]) levanta, pois, a questão de saber se, para efeitos do RGICSF e do futuro CAB, também as entidades que não tenham sido autorizadas a intervir no mercado regulado têm o dever de entregar documentos que sejam solicitados pelo Banco de Portugal, com o conteúdo e alcance acima descritos.

Parece-nos que a resposta depende de se saber se estamos perante uma entidade cuja concreta atividade se insere no perímetro da supervisão do Banco de Portugal. Se a resposta for afirmativa, considerando que a restrição do direito ao silêncio e à não autoinculpação encontra fundamento nas funções estaduais de controlo e vigilância exercidas pela entidade reguladora – como pressuposto fundamental da preservação da estabilidade do sistema financeiro –, tal amplitude afigura-se, em nossa opinião, conforme com a Constituição. Na verdade, também as entidades que não estão sujeitas à supervisão, mas cuja atividade "invade" o perímetro da supervisão, podem abalar a estabilidade do sistema finan-

[326] Nos termos do CdVM, as entidades sujeitas à supervisão são as únicas que estão sujeitas ao dever de colaboração (artigo 359º, nº 3, do CdVM). Helena Bolina afirma mesmo que, na maioria dos casos, as entidades sujeitas são as pessoas coletivas sujeitas à supervisão e não individualmente os respetivos colaboradores – Bolina, Helena (2012), pp. 401 e 402.

[327] Artigo 666º.

ceiro, porventura, até, com maior intensidade. Bastará, para tanto, pensar no caso de uma pessoa coletiva que concede crédito, de forma não autorizada, e em total desrespeito para com regras essenciais em matéria de concessão de crédito.

Entendemos, por isso, que o sujeito passivo do dever de sujeição à diligência de prova consagrada no artigo 215º, nº 3, do RGICSF, é feito por referência à concreta atividade desenvolvida e não por referência à qualidade do sujeito. Sem nos querermos desviar do tema central do nosso trabalho, em nossa opinião, a supervisão tem necessariamente de abarcar as atividades que sejam abrangidas pelo respetivo perímetro e não ficar dependente da qualidade do sujeito.

Esclarecido este ponto, importa transpô-lo para o caso que nos ocupa.

4.3. O dever de entrega, por referência ao conteúdo da mensagem de correio eletrónico; e o tratamento de declarações autoinculpatórias

O conteúdo da mensagem pode assumir múltiplas configurações: a mensagem tanto pode conter, designadamente, informações ou ficheiros inócuos, do ponto de vista do preenchimento do tipo de um determinado ilícito contraordenacional, como pode, ao invés, conter informações ou ficheiros suscetíveis de fundar a responsabilidade contraordenacional da pessoa sujeita ao dever de colaboração. As situações descritas não levantam, a nosso ver, problemas em termos da sua transferência para o processo contraordenacional[328]. Sendo a instituição arguida notificada para entregar tais mensagens de correio eletrónico, deve entregá-las, considerando que se trata de documentos preexistentes.

Falámos aqui em instituição arguida, mas pode também suceder, conforme antevimos, que seja o próprio colaborador da instituição o sujeito passivo do dever de colaboração, caso em que a notificação para entrega de documento será a si dirigida. Não obstante a mensagem de correio eletrónico possa ter diferentes intervenientes (remetentes e destinatários), parece-nos ter cabimento servir-nos, para este efeito, do entendimento de Manuel da Costa Andrade, a propósito da sua anotação ao artigo 194º do CP, para quem, a partir da entrega, o destinatário pode consentir na abertura ou tomada de conhecimento por terceiro,

[328] No sentido de questões autonomizáveis das acima tratadas.

mesmo que tal abertura ou tomada de conhecimento ocorra contra a vontade do remetente[329].

Aqui chegados, importa dar ainda nota de que pode também suceder que o conteúdo da mensagem de correio eletrónico configure ele próprio, materialmente, uma declaração autoinculpatória, para a pessoa legalmente obrigada ao dever de colaboração. Um exemplo académico seria, por hipótese, um determinado membro do órgão de administração da IC declarar, numa mensagem de correio eletrónico, o seguinte: «De facto, a informação que prestámos ao BdP estava, deliberadamente, incompleta» (alínea *p)* do nº 1 do artigo 211º do RGICSF). Neste ponto, concordamos com Catarina Anastácio quando refere que a única forma de salvaguardar o núcleo essencial da prerrogativa de não autoinculpação e o efeito útil dos deveres de colaboração, consiste em limitar o conceito de declarações autoinculpatórias àquelas declarações que, independentemente de outras provas, sejam equivalentes à admissão da participação na infração[330].

Ora, no exemplo dado, parece-nos que a declaração contida na mensagem equivale à admissão da infração (pelo próprio remetente da mensagem)[331], podendo a mesma ser suficiente para demonstrar a prática da infração – admitindo que, no caso, é possível demonstrar que a informação foi prestada de modo incompleto. Assim, entendemos que, face a uma declaração com este teor, o arguido poderia legitimamente invocar o direito ao silêncio e à não autoinculpação, recusando-se a entregar aquele concreto documento[332].

Naturalmente que o que acaba de se explanar não vale para quaisquer documentos que possam, em abstrato, fundar a responsabilidade contraordenacional do arguido. Conforme referimos acima, aquela prerrogativa diz apenas respeito àqueles documentos, muito específicos – e acrescentamos, por razões óbvias, de existência excecional – que

[329] Andrade, Manuel da Costa (1999), p. 756. No mesmo sentido, Correia, João Conde (2020), p. 643.

[330] Anastácio, Catarina (2010), pp. 223 e 224.

[331] Se não totalmente, pelo menos em parte, na medida em que sempre caberia ao BdP alegar e provar que a informação prestada é efetivamente incompleta.

[332] Mas entendemos que não pode limitar-se a não responder. Deve, ao abrigo do dever de colaboração, responder e explicar que não procederá à entrega de um determinado documento, na medida em que o mesmo contém uma declaração autoinculpatória.

contenham declarações autoinculpatórias equivalentes àquelas que seriam prestadas na pendência de um processo contraordenacional se o arguido, quando interrogado sobre os factos, tivesse de responder e de responder com verdade, autoinculpando-se[333].

Adicionalmente, pode também suceder que a mensagem de correio eletrónico que se encontre na posse da IC não contenha uma declaração autoinculpatória, na perspetiva da instituição, passamos a redundância, mas antes na perspetiva de um terceiro, alheio ao dever de colaboração. Neste caso, parece-nos que, uma vez que o direito ao silêncio e à não autoinculpação diz respeito «a factos que [...] podem responsabilizar [o arguido, este] não pode ocultar ou dissipar factos ou elementos relativos a outras pessoas [...]»[334].

Em suma, na generalidade dos casos, quando tal seja solicitado pelo BdP, parece-nos que a pessoa sujeita aos deveres de colaboração com aquela entidade, tem o dever de entregar as mensagens de correio eletrónico que tenham sido recolhidas e imprimidas no âmbito de uma investigação interna.

5. Das proibições de prova

5.1. Introdução

Por último, importa fazer uma breve referência ao problema que decorre da possibilidade de a IC, no decurso de uma investigação interna, não ter observado as diretrizes estabelecidas no Capítulo II do presente trabalho.

As situações podem ser as mais variadas: a título de exemplo, (i) o investigador recolhe mensagem de correio eletrónico de natureza pessoal que se encontra armazenada na *mail box* do colaborador, sem o seu consentimento[335]; ou (ii) o colaborador consentiu que a mensagem de

[333] «Ir mais longe do que isto, considerando que é auto-incriminatória qualquer declaração que possa ser usada como meio de prova, dessa forma contribuindo para a condenação do arguido, não nos parece compatível com o dever de colaboração que àquele cabe ao abrigo dos dispositivos legais já referidos.» (Anastácio, Catarina (2010), p. 223)

[334] Pinto, Frederico Costa (2009), p. 96.

[335] Seja porque este, confrontado com a intenção de recolha, não consentiu com a mesma, seja porque nem sequer lhe foi dada essa oportunidade, tendo a recolha ocorrido sem o seu conhecimento.

natureza pessoal fosse utilizada no contexto da investigação, mas não consentiu que a mesma fosse "transferida" para um eventual processo de contraordenação.

Em situações como as descritas releva o disposto no artigo 42º do RGCO. O seu nº 1 dispõe que «[n]ão é permitida [...] a intromissão na correspondência ou nos meios de telecomunicação [...]».

Por seu turno, o respetivo nº 2 dispõe que «[a]s provas que colidam com a reserva da vida privada [...] só serão admissíveis mediante o consentimento do visado». Ainda que este preceito se assemelhe ao nº 3 do artigo 126º do CPP, a diferença mais notória consiste no facto de no processo de contraordenação ser absolutamente proibida qualquer intromissão na correspondência ou nas telecomunicações. Assim, a consequência mais evidente para o caso do nosso estudo é, pois, evidente: está absolutamente vedada a recolha de mensagem de correio eletrónico que constitua, ainda, comunicação.

Para clarificar, o nosso entendimento é o de que as regras próprias em matéria de proibições de prova se aplicam tanto às entidades investigadoras (designadamente, autoridades judiciárias e, no que aqui releva, autoridades administrativas), como a particulares, ainda que compreendamos que, pela natureza das coisas, a referência legal a determinados métodos proibidos apenas faz sentido em relação a agentes públicos, como é o caso da ameaça com medida legalmente inadmissível[336].

Aqui chegados, face à configuração do objeto do nosso estudo, consideramos relevante, nesta sede, abordar as seguintes questões: (i) em primeiro lugar, fazer uma breve enunciação das dimensões da reserva da vida privada em causa no artigo 42º do RGCO: casos haverá em que não

[336] Clarificamos este aspeto, porque a questão não é inteiramente líquida. Existem vozes, designadamente, na jurisprudência que entendem que o artigo 126º do CPP apenas se aplica aos investigadores e autoridades judiciárias e não, portanto, aos particulares. A título de exemplo, *vide* acórdão do Tribunal da Relação de Lisboa proferido no âmbito do processo nº 10210/2008-9, em 28.05.2009, disponível em www.dgsi.pt, que entende que, no que se refere às provas obtidas por particulares, releva a tipificação dos ilícitos penais previstos no CP como tutela do direito fundamental à privacidade. Há também posições intermédias, como é o caso de Manuel da Costa Andrade, que não fecha a porta à inclusão de particulares no âmbito dos destinatários do artigo 126º do CPP, em particular no que se refere à valoração de provas mediatizadas por particulares que afrontem abertamente o espírito do preceito ou frustrem o seu programa de tutela (Andrade, Manuel da Costa (2013), p. 213.

estamos já perante uma comunicação, mas, nem por isso o conteúdo de determinada mensagem deixa de merecer, em abstrato, a tutela conferida à reserva da vida privada; (ii) estabelecer uma breve enunciação das consequências da intromissão na correspondência ou comunicação e das provas que colidam com a reserva da vida privada; e (iii) equacionar a possibilidade de aplicação do disposto no artigo 167º do CPP.

5.2. Breve enunciação das dimensões da reserva da vida privada

A propósito do disposto no nº 3 do artigo 126º do CPP, considerando que o mesmo é, para este efeito, estruturalmente idêntico ao artigo 42º do RGCO, socorrer-nos-emos dos ensinamentos de Pedro Soares de Albergaria, que distingue a dimensão formal da tutela da reserva da vida privada da sua dimensão material. Na privacidade material estão em causa todos os eventos, vivências, preferências íntimas, sentimentos e emoções; ao invés, na privacidade em sentido formal está em causa a ultrapassagem, a quebra de uma barreira que o legislador quis intocada, independentemente do que se encontre para além dessa barreira[337]. Portanto, a colisão com a reserva da vida privada pressupõe sempre a quebra de uma barreira (formal) que o legislador quis inultrapassável.

5.3. Proibições de prova

Conforme se referiu, o artigo 42º do RGCO dispõe que não é permitida a intromissão na correspondência ou nos meios de telecomunicação; mais dispõe que as provas que colidam com a reserva da vida privada só serão admissíveis mediante o consentimento de quem de direito.

A redação que encontramos no artigo 42º do RGCO difere do disposto no artigo 126º do CPP, na medida em que não há uma cominação expressa de "nulidade". No entanto, quer num caso, quer noutro, trata-se de uma proibição de valoração: *i. e.*, no que aqui releva, as provas que tenham resultado da intromissão na correspondência ou nos meios de telecomunicação não podem ser consideradas pelo julgador na formação da sua convicção[338]; do mesmo modo, salvo consentimento de quem de direito, não podem ser valoradas as provas que colidam com a reserva da vida privada.

[337] Albergaria, Pedro Soares de (2020), pp. 53, 54 e 55.

[338] Albergaria, Pedro Soares de (2020), pp. 63 e 64.

Num dos exemplos dados, se o investigador recolher diretamente da *mail box* do colaborador mensagem de correio eletrónico sem o seu conhecimento e consentimento, a mesma não poderá ser valorada, considerando que foi obtida mediante intromissão na correspondência/comunicação (a mensagem, nesse estádio, ainda é comunicação).

O que dizer, então, do caso em que o colaborador consente que dada mensagem de natureza pessoal e privada seja recolhida e utilizada no contexto de uma investigação interna, mas não consente que a mesma seja "transferida" para um processo de contraordenação? O exemplo dado levanta duas questões distintas: (i) determinar o conteúdo e o alcance da tutela da reserva da vida privada, nos termos e para os efeitos do disposto no artigo 42º, nº 2, do RGCO, e (ii) determinar a extensão do consentimento.

Quanto à primeira questão, embora a mesma não seja inteiramente linear[339], cremos que o legislador ao referir-se à reserva da vida privada (trazendo aqui à colação a teoria das três esferas) quis abranger não só a esfera íntima[340], mas também a esfera privada, apenas excluindo, do âmbito da norma, a esfera pública[341]. Para este efeito, devemos considerar que o legislador se soube expressar de maneira correta e que ao não utilizar expressamente a locução reserva da intimidade da vida privada, quis também incluir, no âmbito de proteção da norma, a esfera privada, ou seja, os acontecimentos partilhados com um número restrito de pessoas[342].

[339] Manuel Simas Santos e Jorge Lopes de Sousa parecem pressupor que, para efeitos do disposto no artigo 42º do RGCO, a reserva da vida privada compreende apenas a reserva da intimidade da vida privada (Santos, Manuel Simas e Sousa, Jorge Lopes (2011), p. 332).

[340] Hoje reduzida a aspetos como informações reservadas de saúde e de vivência da sexualidade, segundo Leite, André Lamas (2007), p. 660. Por seu turno, segundo o Parecer do Conselho Consultivo da Procuradoria-Geral da República nº 16/94, a esfera íntima refere-se a «[...] gestos e factos relativos ao estado do sujeito enquanto separado do grupo e a certas relações sociais que devem em absoluto ser subtraídas do conhecimento de outrem», disponível em www.ministeriopublico.pt, acessível em 10.07.2021.

[341] A propósito da teoria das três esferas, *vide*, a título de exemplo, o Parecer do Conselho Consultivo da Procuradoria-Geral da República nº 16/94, disponível em www.ministeriopublico.pt, acessível em 10.07.2021.

[342] Cfr. Parecer do Conselho Consultivo da Procuradoria-Geral da República nº 16/94, disponível em www.ministeriopublico.pt, acessível em 10.07.2021.

Deste modo, ainda que, em tese, o conceito de mensagem de correio eletrónico pessoal/extraprofissional não coincida, necessariamente, com as esferas íntima e privada, casos há em que pode coincidir (por exemplo, um colaborador convida um colega para um jantar romântico). Quando tal suceda, ressalvada a hipótese de consentimento do titular do direito, a mensagem de correio eletrónico que colida com a reserva da vida privada não pode ser valorada como meio de prova.

Quanto ao consentimento do titular e respetiva extensão, parece-nos que, estando em causa mensagem cujo conteúdo temático se insere na reserva da vida privada, a mesma só poderá ser produzida e, consequentemente, valorada (proibição de produção e proibição de valoração) no âmbito de um processo de contraordenação se o titular do direito assim o consentir. Tal consentimento deve ser válido em toda a sua extensão, devendo o titular expressamente consentir que a mensagem seja utilizada no processo contraordenacional[343].

Já tivemos oportunidade de referir que entendemos que o destinatário da mensagem pode dar-lhe o destino que entender. Nesse sentido, para que a mensagem possa ser produzida e valorada no processo de contraordenação, bastará o consentimento do respetivo destinatário. Esta asserção suscita, porém, um problema: no momento em que o colaborador cede a mensagem ao investigador e/ou ao empregador (por simples encaminhamento ou mediante entrega física, depois de impressa), estes passam a ser os novos "destinatários" da mensagem. Em tese, o investigador e/ou o empregador poderiam, agora, dar à mensagem o destino que bem entendessem.

Poder-se-ia, pois, sustentar, numa lógica de "destinatários em cadeia", que aqueles intervenientes, a quem foi encaminhada a mensagem, fariam agora parte de um novo circuito comunicacional, entretanto, também cessado, na medida em que a mensagem foi por estes recebida, aberta e lida. Porém, entendemos que o investigador e/ou o empregador não intervêm como normais destinatários no circuito comunicacional, na medida em que a mensagem só lhes é encaminhada ou entregue na condição de ser acedida e utilizada no contexto da investigação interna (não se trata de tutelar a comunicação, porque a mensa-

[343] O consentimento deve ser prévio, sendo irrelevante o que for prestado após a produção da prova proibida – Albergaria, Pedro Soares de (2020), p. 61.

gem, neste estádio não é comunicação, mas, ao invés, de tutelar a reserva da vida privada por referência ao concreto conteúdo da mensagem).

Nesse sentido, ainda que a mensagem seja voluntariamente cedida ao BdP pela IC, nas hipóteses em que determinada mensagem de natureza privada tenha sido entregue pelo colaborador na condição de a mesma ser acedida e utilizada tão-somente no contexto da investigação interna, parece-nos que a respetiva produção e valoração no âmbito de um processo de contraordenação colidem com a reserva da vida privada[344].

5.4. Princípio da continuidade (artigo 167º do CPP)

Dispõe o artigo 167º, nº 1, do CPP, que «[a]s reproduções fotográficas, cinematográficas, fonográficas ou por meio de processo eletrónico e, de um modo geral, quaisquer reproduções mecânicas só valem como prova dos factos ou coisas reproduzidas se não forem ilícitas, nos termos da lei penal». Por seu turno, dispõe o nº 2 do mesmo preceito que «[n]ão se consideram, nomeadamente ilícitas, para os efeitos previstos no número anterior as reproduções mecânicas que obedecerem ao disposto no título III deste livro».

Este preceito tem sido convocado pela jurisprudência a propósito da utilização, como meio de prova, de imagens obtidas por particulares, designadamente através de câmaras de vigilância e de câmaras de filmar, em espaços destinados à vida privada, tais como o interior de habitações. A jurisprudência tem entendido que tais imagens são lícitas[345], podendo ser usadas como meio de prova – independentemente de terem sido captadas com o conhecimento do visado, sua autorização ou de esses sistemas de vigilância terem sido aprovados pela CNPD –, desde que não digam respeito ao núcleo duro da vida privada e mais sensível de cada pessoa «como seja a intimidade, a sexualidade, a saúde, a vida particular e familiar mais restrita [...]»[346].

[344] Artigo 42º, nº 2, do RGCO.

[345] Por limitações de espaço, e por extravasar o objeto do nosso estudo, não trataremos a questão da "legítima defesa probatória", a qual, em qualquer caso surge frequentemente associada ao tema da valoração das reproduções mecânicas.

[346] Entre outros, acórdão do Tribunal da Relação de Coimbra, proferido no âmbito do processo nº 148/12.9PBLMG.C1, em 18.05.2016, disponível em www.dgsi.pt. No mesmo

A existência deste preceito e o modo como o mesmo tem vindo a ser interpretado e aplicado pela jurisprudência levanta, a propósito do nosso trabalho, duas questões a que importa dar resposta, considerando que a mensagem de correio eletrónico é junta aos autos contraordenacionais por iniciativa da IC ou no âmbito da diligência de obtenção de prova prevista no nº 3 do artigo 215º do RGICSF (em qualquer caso, a entrega é voluntária[347]): (i) saber se a mensagem de correio eletrónico extraída do sistema informático deve ser considerada uma reprodução mecânica; e, caso afirmativo, (ii) saber se, e em que medida, o artigo 167º do CPP (se subsidiariamente aplicável ao processo de contraordenação) permite que tal mensagem seja valorada, mesmo quando a respetiva obtenção colida com as regras estabelecidas em matéria de proibições de prova (artigo 126º do CPP e no artigo 42º do RGCO). Isto é, saber se o artigo 167º do CPP, ao dispor expressamente sobre o valor probatório das reproduções mecânicas, permite ultrapassar a eventual ilicitude dos meios pelos quais se logrou obter tais documentos.

No que se refere à primeira questão, entendemos que a mensagem de correio eletrónico que seja extraída de um sistema informático constitui uma reprodução mecânica. Como refere PAULA COSTA E SILVA, quando se opta pela extração do documento do ambiente em que foi criado com o intuito de se proceder à apresentação desse documento, falar-se-á em prova por apresentação de uma reprodução mecânica[348]. Assim, no caso do objeto do nosso estudo, a mensagem de correio eletrónico que seja recolhida no contexto de uma investigação, encontrando-se impressa ou em suporte digital, constitui uma reprodução mecânica, na medida em que a mesma foi extraída (por reprodução) do seu ambiente original (digital).

sentido, o acórdão do Supremo Tribunal de Justiça, proferido no âmbito do processo nº 22/09.6YGLSB.S2, em 28.09.2011, disponível em www.dgsi.pt.

[347] Poder-se-ia afirmar que a entrega ao abrigo do nº 3 do artigo 215º do RGICSF não é voluntária no sentido de que, caso o visado se recuse a entregar os documentos solicitados, sujeitar-se-á às cominações previstas na lei, considerando que a não entrega constitui a prática de uma contraordenação. Em todo o caso, essa será sempre uma escolha do visado, podendo inclusivamente, escolher defender-se no eventual processo de contraordenação que venha a ser instaurado. A entrega, para todos os efeitos, é voluntária, por contraposição a uma entrega "coerciva", típica das buscas e apreensões.

[348] SILVA, Paula Costa e [et al.] (1999), p. 214.

Aqui chegados, a questão que se coloca é a de saber se o artigo 167º do CPP – ao estabelecer que as reproduções mecânicas só valem como prova dos factos ou coisas reproduzidas se não forem ilícitas, nos termos da lei penal – deve ser interpretado no sentido de que tais reproduções poderem ser valoradas, independentemente da sua eventual colisão com as regras gerais em matéria de proibições de prova (artigo 126º do CPP e artigo 42º do RGCO), desde que a sua recolha não constitua a prática de um crime[349]. Se tal interpretação dever prevalecer, é fácil entender as respetivas implicações no caso do nosso estudo: ainda que o investigador tenha recolhido mensagem de correio eletrónico sem observar as diretrizes estabelecidas no Capítulo II, sempre que tal recolha não constitua, por si só, a prática de um crime (designadamente, artigos 192º e 194º do CP), a reprodução mecânica de mensagem de correio eletrónico poderia, em tese, ser valorada num determinado processo contraordenacional[350].

Uma tal interpretação, assente na junção aos autos de prova por particulares, traria para a investigação (contraordenacional) inúmeras vantagens, na medida em que a proibição de valoração estaria, única e exclusivamente, dependente de se saber se a recolha da mensagem constituía em si mesma a prática de um crime, independente das condições (lícitas ou ilícitas) em que tal recolha foi conseguida (gerar-se-ia, portanto, uma relação de independência quanto à "fonte").

Para que ilustrar melhor o problema, socorrer-nos-emos dos dois exemplos que demos acima. O investigador que divulgasse ao BdP, sem o consentimento de quem de direito, o conteúdo de mensagem de correio eletrónico, recebida, aberta e lida pelo destinatário (de natureza pessoal e privada), dificilmente cometeria um crime, na medida em que

349 No fundo, em termos similares à captação de imagens. A jurisprudência tem entendido que a valoração probatória de imagens obtidas por câmara de videovigilância instalada na entrada de um prédio particular, captando imagens da via pública e da entrada comum do prédio, pressupõe que a captação das mesmas não seja ilícita, nos termos da lei penal (acórdão do Tribunal da Relação de Lisboa, proferido no âmbito do processo nº 12/14.7SHLSB.L1.L1-5, em 05.10.2016, disponível em www.dgsi.pt).

350 Haveria ainda que discutir se o artigo 167º do CPP tem aplicação no processo de contraordenação. A este respeito, não nos parece que a norma contrarie o disposto no RGCO, pelo que não vemos, por isso, obstáculos à sua aplicação subsidiária (artigo 41º, nº 1, do RGCO).

um dos elementos do tipo é a intenção de devassar a vida privada (dolo específico)[351]. Do mesmo modo, o investigador que divulgasse ao BdP o conteúdo de mensagem de correio eletrónico, única e exclusivamente, cedida para efeitos da investigação interna, sem o consentimento do colaborador, dificilmente cometeria um crime. Em qualquer uma destas situações, a ter procedência a tese explanada e considerando que a prova seria junta aos autos por particular, ainda que por impulso do BdP (ao abrigo de um pedido de elementos formulado), levaria a que considerássemos que a reprodução seria lícita, independentemente das regras gerais em matéria de proibições de prova.

Antes de avançarmos, importa esclarecer que do mesmo modo que entendemos que não existem razões válidas para circunscrever as regras gerais em matéria de proibições de prova exclusivamente às provas apreendidas e produzidas pelas autoridades judiciárias e pelas autoridades administrativas, também não vemos razões válidas para circunscrever o âmbito de aplicação subjetivo do artigo 167º do CPP às provas recolhidas e juntas por particulares, ao contrário do que tem vindo, na prática, a ser feito por alguma jurisprudência[352].

Ora, conforme tivemos oportunidade de esclarecer, não vislumbramos razões válidas para restringir o âmbito de aplicação das regras gerais em matéria de proibições de prova exclusivamente às autoridades judiciárias e administrativas. Nesse sentido, ainda que a reprodução mecânica seja recolhida e junta aos autos por particulares, nem por isso ficam afastadas as regras gerais em matéria de proibições de prova (artigo 126º do CPP e artigo 42º do RGCO).

Questão distinta é a de saber se o artigo 167º do CPP, ao dispor que as reproduções mecânicas só valem como prova dos factos ou coisas reproduzidas se não forem ilícitas, nos termos da lei penal, permite, de alguma forma, a interpretação segundo a qual, tratando-se de prova por reprodução mecânica, tal preceito suplantaria as regras gerais em matéria de proibições de prova, valendo, exclusivamente como preceito norteador da respetiva valoração como prova (segunda questão enunciada *supra*).

351 Artigo 192º do CP.

352 Entre outros, o acórdão do Supremo Tribunal de Justiça, proferido no âmbito do processo nº 22/09.6YGLSB.S2, em 28.09.2011, disponível em www.dgsi.pt.

A este respeito, Tiago Caiado Milheiro entende que o artigo 167º do CPP não suplanta o artigo 126º do CPP, na medida em que a lei apenas pretende apurar se determinado documento (enquanto reprodução mecânica) pode ser valorado, o que pressupõe necessariamente um juízo prévio sobre a admissibilidade da sua incorporação nos autos. Ou seja, o artigo 167º do CPP não afasta outros critérios gerais sobre a admissibilidade probatória, nem as regras próprias das proibições de prova[353].

Porém, conforme tivemos oportunidade de explanar, não tem sido este o entendimento sufragado pela jurisprudência, a qual, embora restringindo o artigo 167º do CPP à prova obtida por particulares[354], tem configurado tal preceito como uma restrição legal aos direitos, liberdades e garantias (artigo 18º, nº 2, da CRP)[355]. E embora tais casos surjam, na sua generalidade, associados à gravação de imagens captadas por particulares, existe tendência para confundir a licitude da reprodução com a licitude da própria captação de imagem, conceitos que, em rigor, não se confundem.

Pela nossa parte, entendemos que seria incoerente sustentar que o artigo 167º do CPP afastaria as regras gerais em matéria de proibições de prova. Se um investigador recolher mensagem de natureza pessoal e privada, sem o consentimento do colaborador, a respetiva valoração, no âmbito do processo contraordenacional, estará vedada, ainda que a respetiva reprodução (exibição da mensagem) não seja ilícita nos termos da lei penal (artigos 192º e 194º do CP). Do mesmo modo que, se o investigador juntar mensagem de natureza pessoal e privada, que lhe tenha sido cedida na condição de apenas ser utilizada no contexto da investigação interna, a sua valoração no contexto do processo de contraordenação estará, de igual modo, vedada. O artigo 167º do CPP diz respeito à valoração da reprodução, enquanto reprodução, não permitindo "sanar" eventuais proibições de prova que se coloquem na "fonte".

353 Milheiro, Tiago Caiado [et al.] (2020), pp. 532 e 533.

354 Acórdão do STJ, proferido no âmbito do processo nº 22/09.6YGLSB.S2, em 28.09.2011, disponível em www.dgsi.pt.

355 A título de exemplo, o acórdão proferido pelo Tribunal da Relação de Lisboa, no âmbito do processo nº 1630/08.8PFSXL.L1-9, em 03.04.2010, disponível em www.dgsi.pt.

Nesta configuração denota-se o verdadeiro impacto da "privatização da justiça": a investigação interna, ambiente através do qual são recolhidos elementos que servem de prova a uma investigação de natureza privada, está umbilicalmente ligada ao meio de obtenção de prova previsto no artigo 215º, nº 3, do RGICSF. Nessa medida, as invalidades cometidas na investigação interna (por natureza, cometidas por particulares), que passem despercebidas ao BdP, podem afetar o processo contraordenacional[356], não permitindo o artigo 167º do CPP "sanar" eventuais proibições de prova que se verifiquem na "fonte"[357]. Esta conclusão traz preocupações acrescidas, na medida em que, em tese, a instituição poderá sentir-se tentada a comprometer propositadamente a investigação interna, esperando, com isso, comprometer também o processo de contraordenação.

Estas circunstâncias impõem especiais cautelas ao BdP, na medida em que, na prática, este tem o ónus de verificar em que condições as mensagens de correio eletrónico foram recolhidas. Se nas mensagens de natureza profissional tal ónus está, de certa forma facilitado, tratando-se de mensagens de natureza pessoal ou não exclusivamente profissionais, cuja recolha foi alegadamente consentida, podem suscitar-se dificuldades práticas adicionais. Um erro, doloso ou negligente, numa investigação, pode ter consequências na validade da prova, aquando da sua transferência para o BdP.

[356] Artigo 122º, nº 1, do CPP: «As nulidades tornam inválido o acto em que se verificaram, bem como os que dele dependerem e aquelas puderem afetar». Para uma análise detalhada sobre as consequências processuais das proibições de prova, *vide* Rosa, Luís Bértolo (2010), pp. 219 a 277.

[357] Ainda que, na prática, reconheçamos que se seguíssemos o entendimento pugnado pela jurisprudência, diríamos, maioritária, em rigor, essa deveria ser a consequência, pelo menos quando estivessem em causa reproduções mecânicas (*in casu*, mensagens de correio eletrónico) recolhidas por particulares, que não constituíssem, em si mesmas, a prática de um ilícito penal.

Conclusões

1. As investigações internas constituem um mecanismo de averiguação reativo, integrado no sistema de controlo interno, mais concretamente na função de *compliance*, e visam determinar se dada suspeita de risco de *compliance* – *i.e.*, risco de continuidade de negócio, risco pecuniário e sancionatório e risco reputacional – se confirma, apurando os factos e as pessoas envolvidas, com o objetivo de reagir e de mitigar as consequências de tais riscos (materializados ou não).

2. As IC têm o dever (legal e regulamentar) de reagir a riscos de *compliance*, designadamente através da realização de investigações internas. Nesse sentido, a resiliência do sistema de controlo interno depende, também, da maior ou menor capacidade de a IC reagir a riscos de *compliance*.

3. É vedado ao empregador e, por maioria de razão, ao investigador, no âmbito de uma investigação interna, recolher e/ou aceder ao conteúdo de mensagens de correio eletrónico de natureza pessoal ou extraprofissional, salvo expresso consentimento do colaborador.

4. Dado que a recolha e o acesso a mensagens de natureza profissional ou pessoal (quando haja consentimento expresso do colaborador) envolve o tratamento de dados pessoais, o tratamento deve ser lícito e os dados devem ser recolhidos para finalidades determinadas, explícitas e legítimas.

5. Atendendo aos desequilíbrios de poder em contexto laboral, consideramos prudente que o fundamento do tratamento não assente no consentimento do titular dos dados previsto na alínea a) do nº 1 do artigo 6º do RGPD, mas antes no fundamento de cumprimento de uma obrigação jurídica, previsto na alínea c), *i.e.*, o cumprimento de uma obrigação jurídica a que o responsável do tratamento esteja sujeito.

6. No caso concreto, a obrigação jurídica legitimadora do tratamento de dados pessoais consiste no dever que recai sobre as IC de reagirem, atempadamente, a riscos de *compliance*, através da realização de investigações internas.

7. No que respeita à finalidade do tratamento – *in casu*, a implementação de mecanismos internos que têm como objetivo investigar suspeitas de riscos de *compliance* –, é recomendável que o responsável pelo tratamento especifique que os dados objeto de tratamento, constantes da mensagem recolhida, podem vir a ser tratados no contexto de uma investigação interna e porventura cedidos ao Regulador, determinando, de forma individualizada, as fases de tratamento (todo o processo de tratamento).

8. Assim, na falta de consentimento do colaborador, no contexto de uma investigação interna, o investigador pode recolher e aceder a mensagens de correio de natureza profissional – ao seu conteúdo –, estando vedado o acesso e a recolha de mensagens de natureza pessoal ou extraprofissional; o tratamento dos dados pessoais inerentes a tais mensagens é lícito, com fundamento no artigo 6º, nº 1, alínea c), do RGPD.

9. O artigo 215º, nº 3, do RGICF constitui uma diligência de obtenção de prova, que confere ao Banco de Portugal o direito potestativo de exigir a prestação de todos os esclarecimentos e informações, bem como a entrega de todos os documentos (independentemente do respetivo suporte) necessários à instrução dos processos de contraordenação da sua competência.

10. Em nossa opinião, quer a Lei do Cibercrime, quer o disposto no artigo 189º do CPP, não são subsidiariamente aplicáveis ao processo de

contraordenação em geral e, por maioria de razão, ao processo de contraordenação setorial bancário, da competência do Banco de Portugal.

11. Entendemos que a Lei do Cibercrime foi especificamente equacionada para a investigação criminal, em especial o combate à criminalidade informática, não tendo estado, no espírito do legislador, a sua aplicação subsidiária ao processo contraordenacional. Por seu turno, o artigo 189º do CPP tem hoje, segundo cremos, âmbito de aplicação residual, na medida em que a apreensão de dados de conversações/comunicações que se encontrem em suporte digital obedece à disciplina própria da Lei do Cibercrime, que, como vimos, não se aplica ao processo de contraordenação.

12. Assim, a mensagem de correio eletrónico que tenha sido recebida, aberta e lida por um dos destinatários, não constitui, nesse estádio, uma comunicação (artigo 42º, nº 1, do RGCO), podendo ser apreendida nos termos gerais (artigo 48º-A do RGCO) e, no caso que nos ocupa, nos termos do artigo 215º, nº 3, do RGICSF, desde que a respetiva apreensão não colida com a tutela da reserva da vida privada (artigo 42º, nº 2, do RGCO) – neste caso, na sua dimensão material ou temática (designadamente, eventos, vivências, preferências íntimas e emoções).

13. Do mesmo modo, a "transferência", para o processo de contraordenação, de mensagens recebidas, abertas e lidas por um destinatário – que tenham sido recolhidas no âmbito de uma investigação – não constitui uma ingerência numa comunicação, na medida em que a mensagem não é, nesse estádio, comunicação. Tal mensagem é, no entanto, merecedora da tutela legalmente conferida a qualquer documento privado.

14. Consequentemente, na perspetiva do colaborador da instituição, enquanto interveniente da mensagem de correio eletrónico, tratando-se de mensagem de natureza pessoal, cujo conteúdo se insira em temáticas tuteladas pela reserva da vida privada, admitindo que o colaborador consentiu na recolha e na utilização da mensagem em toda a sua extensão (incluindo a possibilidade de a mensagem ser transferida para o Regulador), não vislumbramos quaisquer obstáculos à respetiva transferência para o processo contraordenacional.

15. Relativamente a terceiros que intervenham na mensagem de correio eletrónico, parece-nos que a tutela conferida a terceiro, através do segredo bancário, cede em prol de valores protegidos como a estabilidade e a confiança no sistema financeiro, bem como o regular funcionamento da atividade bancária. Na hipótese de o conteúdo de mensagem remetida por terceiro se inserir em temáticas tuteladas pela reserva da vida privada, o colaborador da IC, enquanto destinatário da mensagem, pode fazer com a mensagem o que entender, incluindo cedê-la no contexto de uma investigação.

16. Aderindo à posição preconizada por Frederico da Costa Pinto, entendemos que o direito ao silêncio e à não autoinculpação abrange apenas o direito a não responder ou prestar declarações sobre os factos que são imputados (este é o respetivo núcleo essencial). Ou seja, o arguido tem o dever de se sujeitar a diligências de prova (artigo 61º, nº 6, alínea d), do CPP) e, por conseguinte, tem o dever de entregar os documentos preexistentes que se encontrem na sua posse, quando assim seja solicitado pelo supervisor (contrapartida do acesso ao mercado), salvo se os documentos consubstanciarem ou integrarem, eles próprios, declarações autoinculpatórias sobre os factos imputados.

17. O conceito de declarações autoinculpatórias deve ser limitado àquelas declarações que, independentemente de outras provas, sejam equivalentes à admissão da participação (do próprio, e não de um terceiro) na infração.

18. As regras em matéria de proibições de prova aplicam-se tanto às entidades investigadoras (designadamente, autoridades judiciárias e, no que aqui releva, autoridades administrativas), como a particulares.

19. Estando legalmente vedada a intromissão na correspondência ou nas telecomunicações, a mensagem que não tenha completado o respetivo circuito comunicacional (*i.e.*, cuja apreensão ou recolha tenha ocorrido antes de a mensagem ter sido recebida, aberta e lida pelo destinatário) não pode ser considerada pelo julgador na formação da sua convicção, independentemente do respetivo conteúdo temático (proibição de valoração).

20. Adicionalmente, a mensagem de correio eletrónico que não seja já uma comunicação, mas cujo conteúdo temático se insira na reserva da vida privada, a falta de consentimento prévio do respetivo titular (para o processo de obtenção de prova), acarreta uma proibição de produção e uma proibição de valoração.

21. Quanto à questão de saber se o artigo 167º do CPP, *ex vi* artigo 41º, nº 1, do RGCO, deve ser interpretado no sentido de que as reproduções mecânicas podem ser valoradas em juízo independentemente da sua eventual colisão com as regras gerais em matéria de proibições de prova (desde que a sua recolha não constitua a prática de um crime), entendemos que não, porquanto tal preceito diz apenas respeito à valoração da reprodução mecânica, enquanto reprodução mecânica, não permitindo "sanar" eventuais proibições de prova que se verifiquem na "fonte".

22. Em suma, determinadas ilegalidades cometidas na fase da investigação interna – tais como, a recolha, pelo investigador, (i) de mensagens que não cumpriram o respetivo circuito comunicacional ou (ii) de mensagens que narrem eventos tutelados pela reserva da vida privada, sem consentimento prévio do colaborador – podem afetar a legalidade da prova transferida para processo de contraordenação, não permitindo o artigo 167º do CPP "sanar" eventuais proibições de prova que se verifiquem na "fonte", *in casu*, no ambiente e no contexto da investigação interna.

23. Na perspetiva do Regulador, este deve, pois, ter dois cuidados em particular: (i) deve, em primeiro lugar, assegurar-se de que a mensagem de correio eletrónico foi recebida, aberta e lida pelo destinatário, *i. e.*, que recolha ocorreu quando a mensagem já não era comunicação (artigo 42º, nº 1, do RGCO); (ii) deve, em segundo lugar, assegurar-se de que, tratando-se de mensagem de natureza pessoal cujo conteúdo se relacione com temáticas tuteladas pela reserva da vida privada, o colaborador consentiu previamente (junto do empregador ou do investigador) na respetiva recolha e utilização (artigo 42º, nº 2, do RGCO).

24. Existem, portanto, na perspetiva da legalidade da prova, riscos decorrentes da "transferência" para o processo contraordenacional de

mensagens de correio eletrónico recolhidas no contexto de uma investigação interna; porém, o Regulador dispõe de meios para confirmar, com alguma facilidade, em que condições as mensagens foram recolhidas.

25. Adicionalmente, cumpre referir que nem todas as ilegalidades cometidas na investigação interna afetam a legalidade da prova transferida para o processo de contraordenação. Basta pensar na hipótese de o investigador recolher, sem o consentimento do colaborador, mensagem de natureza pessoal ou extraprofissional cujo conteúdo não se relacione com temáticas tuteladas pela reserva da vida privada. Considerando que o conceito de mensagem pessoal abrange toda e qualquer temática que extravase o conteúdo da relação estabelecida entre o empregador e o colaborador, ainda que a respetiva recolha seja vedada na perspetiva do Direito do Trabalho, a sua transferência para o processo de contraordenação pode não colidir com a reserva da vida privada e, portanto, com o artigo 42º, nº 2, do RGCO.

ÍNDICE LEGISLATIVO

Regulamento (UE) nº 575/2013, do Parlamento Europeu e do Conselho, de 26 de junho de 2013, relativo aos requisitos prudenciais para as instituições de crédito e para as empresas de investimento e que altera o Regulamento (UE) nº 648/2012, Jornal Oficial L 176, 27.06.2013, p. 1-337.

Regulamento (UE) 2016/679 do Parlamento Europeu e do Conselho, de 27 de abril de 2016, relativo à proteção das pessoas singulares no que diz respeito ao tratamento de dados pessoais e à livre circulação desses dados e que revoga a Diretiva nº 95/46/CE (Regulamento Geral sobre a Proteção de Dados), Jornal Oficial L 119, 04.05.2016, p. 1-88.

Diretiva nº 95/46/CE, do Parlamento Europeu e do Conselho, de 24 de outubro de 1995, relativa à proteção das pessoas singulares no que diz respeito ao tratamento de dados pessoais e à livre circulação desses dados, Jornal Oficial, L 281, 23.11.1995, p. 31-50.

Diretiva nº 2013/36/UE, do Parlamento Europeu e do Conselho, de 26 de junho de 2013, relativa ao acesso à atividade das instituições de crédito e à supervisão prudencial das instituições de crédito e empresas de investimento, que altera a Diretiva nº 2002/87/CE e revoga as Diretivas nº 2006/48/CE e 2006/49/CE, Jornal Oficial L 176, 27.06.2013, p. 338-436.

Decreto-Lei nº 47344/66, de 25 de novembro, aprova o Código Civil e regula a sua aplicação, publicado em Diário da República nº 274/1966, Série I, de 25.11.1966; última redação consultada dada pela 79ª alteração ao Código Civil, pela Lei nº 65/2020, de 4 de novembro, publicada em Diário da República nº 215/2020, Série I, de 04.11.2020.

Decreto-Lei nº 78/87, de 17 de fevereiro, aprova o Código de Processo Penal, publicado em Diário da República nº 40/1987, Série I, de 17.02.1987; última redação consultada dada pela 44ª alteração ao Código de Processo Penal, pela Lei nº 57/2021, de 16 de agosto, publicada em Diário da República nº 158/2021, Série I de 16.08.2021.

Decreto-Lei nº 433/82, de 27 de outubro, institui o ilícito de merda ordenação social e o respetivo processo, publicado em Diário da República nº 249/1982, Série I, de 27.10.1982; última redação consultada dada pela 7ª alteração ao Ilícito de Mera Ordenação Social, pela Lei nº 109/2001, de 24 de dezembro, publicada em Diário da República nº 296/2001, Série I-A, de 24.12.2001.

Decreto-Lei nº 298/92, de 31 de dezembro, aprova o Regime Geral das Instituições de Crédito e Sociedades Financeiras, publicado em Diário da República nº 301/1992, 6º Suplemento, Série I-A, de 31.12.1992; última redação consultada dada pela 57ª alteração ao Regime Geral das Instituições de Crédito e Sociedades Financeiras, pela Lei nº 54/2021, de 13 de agosto, publicado em Diário da República nº 157/2021, Série I, de 13.08.2021.

Decreto-Lei nº 486/99, de 13 de novembro, aprova o Código dos Valores Mobiliários, publicado em Diário da República nº 265/1999, Série I-A, de 13.11.1999; última alteração consultada dada pelo Decreto-Lei nº 56/2021, de 30 de junho, publicado em Diário da República nº 125/2021, Série I, de 30.06.2021.

Lei nº 7/2009, de 12 de fevereiro, aprova a revisão do Código do Trabalho, publicada em Diário da República nº 30/2009, Série I de 12.02.2009; última alteração consultada dada pela 20ª alteração ao Código do Trabalho, pela Lei nº 18/2021, de 8 de abril, publicada em Diário da República nº 68/2021, Série I, de 08.04.2021.

Lei nº 109/2009, de 15 de setembro, aprova a Lei do Cibercrime, transpondo para a ordem jurídica interna a Decisão Quadro nº 2005/222/JAI, do Conselho, de 24 de fevereiro, relativa a ataques contra sistemas de informação, e adapta o direito interno à convenção sobre Cibercrime do Conselho da Europa, publicada em Diário da República nº 179/2009, Série I de 15.09.2009.

Lei nº 19/2012, de 08 de maio, aprova o novo regime jurídico da concorrência, revogando as Leis nºs 18/2003, de 11 de junho, e 39/2006, de 25 de agosto, e procede à segunda alteração à Lei nº 2/99, de 13 de janeiro, publicada em Diário da República nº 89/2012, Série I, de 08.05.2012; última alteração consultada dada pela Lei nº 23/2018, de 05 de junho, publicada em Diário da República nº 107/2018, Série I, de 05.06.2018.

Lei nº 83/2017, de 18 de agosto, estabelece medidas de combate ao branqueamento de capitais e ao financiamento do terrorismo, transpõe parcialmente as Diretivas 2015/849/EU, do Parlamento Europeu e do Conselho, de 20 de maio de 2015, e 2016/2258UE, do Conselho, de 6 de dezembro de 2016, altera o Código Penal e o Código da Propriedade Industrial e revoga a Lei nº 25/2008, de 5 de junho, e o Decreto-Lei nº 125/2008, de 21 de julho, publicada em Diário da República nº 159/2017, Série I de 18.08.2017; última alteração consultada dada pelo Decreto-Lei nº 56/2021, de 30 de junho, publicado em Diário da República nº 125/2021, Série I, de 30.06.2021.

Aviso do Banco de Portugal nº 5/2008, estabelece os requisitos de controlo interno aplicáveis às instituições sujeitas à supervisão do Banco de Portugal, publicado em Diário da República nº 125/2008, Série II, de 01.07.2008.

Aviso do Banco de Portugal nº 3/2020, regula a cultura organizacional governo interno, sistema de controlo interno e políticas e práticas remuneratórias das instituições destinatárias, procedendo á revisão e à revogação dos Avisos do Banco de Portugal nº 5/2008 e nº 10/2011, bem como à revogação da Instrução do banco de Portugal nº 20/2008. É complementado pela Instrução do Banco de Portugal nº 18/2020, que versa sobre os reportes a efetuar à autoridade de supervisão competente relativamente às matérias tratadas no Aviso, publicado em Diário da República nº 136/2020, Série II, de 15.07.2020.

BIBLIOGRAFIA

ABREU, Filipe Brum de (2008) – «Deveres de controlo interno dos intermediários financeiros ao abrigo da MIFID» *in Actualidad Jurídica Uría Menéndez*, dir. de Mariano Magide Herrero, nº 21, Madrid: Uría Menéndez Abogados, S.L.P., 2008, p. 86-89. Cita-se o texto disponível em https://www.uria.com

ALBERGARIA, Pedro Soares de (2020) – «Anotação ao artigo 126º do Código de Processo Penal» *in Comentário Judiciário do Código de Processo Penal, Tomo II*, António Gama [et al.], Coimbra: Almedina, 2020, p. 37 a 76 (ISBN 978-972-40-8209-7)

ALBUQUERQUE, Paulo Pinto de (2011) – *Comentário do Regime Geral das Contra-Ordenações à luz da Constituição da República e da Convenção dos Direitos do Homem*, Lisboa: Universidade Católica Editora, 2011 (ISBN 978-972-54-0246-7)

ALBUQUERQUE, Paulo Pinto de (2018) – *Comentário do Código de Processo Penal à luz da Constituição da República e da Convenção Europeia dos Direitos do Homem*, 4ª Edição, Lisboa: Universidade Católica Editora, 2018 (ISBN 978-972-5402-95-5)

ALFAFAR, Diana (2013) – «O dever de colaboração e o *nemo tenetur se ipsum accusare* no direito sancionatório da concorrência» *in Revista de Concorrência e Regulação*, Autoridade da Concorrência, Ano III, nº 11 e 12, Coimbra: Almedina, 2013, p. 307-318 (ISBN 978-110-00-5801-6)

ALMEIDA, Joana (2020) – «Investigações internas: ponderações e limites» *in Novos Estudos sobre Law Enforcement, Compliance e Direito Penal*, coord. científica de Maria Fernanda Palma, Augusto Silva Dias e Paulo de Sousa Mendes, Coimbra: Almedina, 2020, p. 59-78 (ISBN 978-972-40-8451-0)

ALVES, Lurdes Dias (2020) – *Proteção de Dados Pessoais no Contexto Laboral – O Direito à Privacidade do Trabalhador*, Coimbra: Almedina, 2020 (ISBN 978-972-40-8581-4)

ANASTÁCIO, Catarina (2010) – «O dever de colaboração no âmbito dos processos de contra-ordenação por infracção às regras de defesa da concorrência e o princípio *nemo tenetur se ipsum accusare*» *in Revista de Concorrência e Regulação*, Autoridade da Concorrência, Ano I, nº 1, Coimbra: Almedina, 2010, p. 199-236 (ISBN 978-972-40-4102-5)

Anastácio, Gonçalo e Alfafar, Diana (2017) – «Anotação ao artigo 20º da Lei da Concorrência» *in Lei da Concorrência – Comentário Conimbricense*, coord. de Manuel Lopes Porto [et al.], Coimbra: Almedina, 2017, p.332-349 (ISBN 978-972-40-7192-3)

Andrade, Manuel da Costa (1999) – «Anotação ao artigo 194º do Código Penal» *in Comentário Conimbricense do Código Penal, Parte Especial, Tomo I*, Jorge de Figueiredo Dias [et. al.], Coimbra Editora, 1999, p. 752 a 770.

Asociación Española de Compliance – *White Paper on the Compliance function*, 2017. Cita-se o texto disponível em https://www.asociacioncompliance.com

Autoridade da Concorrência – *Linhas de Orientação sobre a instrução de processos relativos à aplicação dos artigos 9º, 11º e 12º da Lei nº 19/2012, de 8 de maio e dos artigos 101º e 102º do TFUE*, 2013. Cita-se o texto disponível em http://www.concorrencia.pt

Ayres, Ian e Braithwaite, John (1992) – *Responsive regulation: transcending the deregulation debate*, New York Oxford: Oxford University Press, Inc., 1992 (ISBN 0-19-507070-4). Cita-se o texto disponível em http://johnbraithwaite.com

Azevedo, Sara (2016) – *O Governo Interno das Instituições de Crédito – Adequação, Funções de Controlo, Conduta e Cultura*, Porto: [S.n.], 2016, Dissertação de mestrado. Cita-se o texto disponível em https://repositorio.ucp.pt

Basel Committee on Banking Supervision – *Compliance and compliance function in Banks*, 2005. Cita-se o texto disponível em https://www.bis.org

Bicker, Eike, Steinle, Christian e Skoupil, Christoph (2020) – «Principles and Guidelines for Internal Investigations in Germany» *in Global Investigations Review – Europe, Middle East and Africa Investigations Review 2020*, 2020. Cita-se o texto disponível em https://globalinvestigationsreview.com

Bolina, Helena Magalhães (2013) – «O direito ao silêncio e o estatuto dos supervisionados no mercado de valores mobiliários» *in Revista de Concorrência e Regulação*, Autoridade da Concorrência, Ano III, nº 11 e 12, Coimbra: Almedina, 2013, p. 383-430 (ISBN 978-110-00-5801-6)

Brito, Teresa Quintela de (2018) – «Compliance, Cultura Corporativa e Culpa da Pessoa Jurídica» *in Estudos sobre Law Enforcement, Compliance e Direito Penal*, coord. científica de Maria Fernanda Palma, Augusto Silva Dias e Paulo de Sousa Mendes, Coimbra: Almedina, 2018, p. 57-100 (ISBN 978-972-40-7362-0)

Busato, Paulo César (2018) – «O que não se diz sobre o criminal compliance» *in Estudos sobre Law Enforcement, Compliance e Direito Penal*, coord. científica de Maria Fernanda Palma, Augusto Silva Dias e Paulo de Sousa Mendes, Coimbra: Almedina, 2018, p. 267-302 (ISBN 978-972-40-7362-0)

Canotilho, J. J. Gomes e Moreira, Vital (2007) – *Constituição da República Portuguesa Anotada, Volume I*, 4ª Edição, Coimbra: Coimbra Editora, 2007 (ISBN 978-972-32-1462-8)

Cardoso, Rui (2018) – «Apreensão de correio electrónico e registos de comunicações de natureza semelhante – artigo 17º da Lei nº 109/2009, de 15.IX.» *in Cibercriminalidade e Prova Digital – Jurisdição Penal e Processual Penal*, Centro de Estudos Judiciários, Lisboa: Centro de Estudos Judiciários,

2018, p 57-88 (ISBN 978-989-8908-17-9). Cita-se o texto disponível em http://www.cej.mj.pt

Cordeiro, António Menezes (2009) – *Tratado de Direito Civil Português, II, Direito das Obrigações, Tomo I,* Coimbra: Almedina, 2009 (ISBN 978-972-40-3936-7)

Correia, João Conde (2020) – «Anotação ao artigo 179º do Código de Processo Penal» *in Comentário Judiciário do Código de Processo Penal, Tomo II,* António Gama [et al.], Coimbra: Almedina, 2020, p. 639 a 655 (ISBN 978-972-40-8209-7)

Cuadras, Albert Estrada I e Anglí, Mariona Llobet (2014) – «Derechos de los trabajadores y deberes del empresario: conflicto en las investigaciones empresariales internas» *in Revista Brasileira de Ciências Criminais,* coord. científica de Leandro Ayres França, Ano 22, nº 108, Brasil: Thomson Reuters, 2014, p. 151-188 (ISSN 1415--5400)

Dias, Augusto Silva e Ramos, Vânia Costa (2009) – *O Direito à não auto-inculpação (nemo tenetur se ipsum accusare) no processo penal e contra-ordenacional português,* Coimbra: Coimbra Editora, 2009 (ISBN 978-972-32-1718-6)

Dias, Augusto Silva (2010) – «O direito à não auto-inculpação no âmbito das contra-ordenações do código dos valores mobiliários» *in Revista de Concorrência e Regulação,* Autoridade da Concorrência, Ano I, nº 1, Coimbra: Almedina, 2010, p. 237-275 (ISBN 978-972-40-4102-5)

Dias, Augusto Silva (2018) – *Direito das Contra-ordenações,* Coimbra: Almedina, 2018 (ISBN 978-972-40-7342-2)

Dias, Jorge de Figueiredo e Andrade, Manuel Costa (2009) – «Poderes de Supervisão, Direito ao Silêncio e Provas Proibidas» *in Supervisão, Direito ao Silêncio e Legalidade da Prova,* Jorge Figueiredo Dias, Manuel Costa Andrade e Frederico Costa Pinto, Coimbra: Almedina, 2009, p. 11-56 (ISBN 978-972-40-3763-9)

Duro, Pedro (2015) – «Novos Rumos para o Compliance – o Efeito Espanhol» *in Destaque Penal, Contra-ordenações e Compliance,* Campos Ferreira, Sá Carneiro & Associados, 2015. Cita-se o texto disponível em https://www.csassociados.pt

Eça, Catarina Salazar de (2017) – *Whistleblowing – Denúncias de Irregularidades,* Universidade Católica Portuguesa, Escola de Lisboa, Faculdade de Direito. Cita-se o texto disponível em https://repositorio.ucp.pt

Fernández, Raquel Montaner (2015) – «El *Criminal Compliance* desde la Perspectiva de La Delegación de Funciones» *in Estudios Penales Y Criminológicos,* vol. XXXV, Espanha: Universidad de Santiago de Compostela, 2015, p 733-782 (ISSN 1137-7550). Cita-se o texto disponível em https://revistas.usc.es

Geraldo, Tiago (2018) – «A responsabilidade penal do *compliance officer*: fundamentos e limites do dever de auto-vigilância empresarial» *in Estudos sobre Law Enforcement, Compliance e Direito Penal,* coord. científica de Maria Fernanda Palma, Augusto Silva Dias e Paulo de Sousa Mendes, Coimbra: Almedina, 2018, p. 267-302 (ISBN 978-972-40-7362-0)

Gomes, Júlio Manuel Vieira (2007) – *Direito do Trabalho – Relações Individuais de Trabalho, Volume I*, Coimbra: Coimbra Editora, 2007 (ISBN 978-972-32-1482-6)

Governo de Portugal – *Estratégia Nacional de Combate à Corrupção 2020-2024*, 2020. Cita-se o texto disponível em https://www.portugal.gov.pt

Jesus, Francisco Marcolino de (2019) – *Os Meios de Obtenção de Prova em Processo Penal*, 2ª Edição, Coimbra: Almedina, 2019 (ISBN 978-972-40-5874-0)

Júnior, Filipa Marques e Medeiros, João (2018) – «A elaboração de programas de *compliance*» *in Estudos sobre Law Enforcement, Compliance e Direito Penal*, coord. científica de Maria Fernanda Palma, Augusto Silva Dias e Paulo de Sousa Mendes, Coimbra: Almedina, 2018, p. 123-148 (ISBN 978-972-40-7362-0)

Labareda, João (2014) – *Contributo para o Estudo do Sistema de Controlo e da Função de Cumprimento («compliance»)*, Lisboa: Instituto dos Valores Mobiliários, 2014. Cita-se o texto disponível em http://www.institutovaloresmobiliarios.pt

Leite, André Lamas (2007) – «Entre Péricles e Sísifo: o novo regime legal das escutas telefónicas», *in Revista portuguesa de ciência criminal*, Coimbra, Ano 17, nº 4 (outubro-dezembro 2007), ISSN 0871-8563, Coimbra: Coimbra Editora, p. 660.

Lima, Pires de e Varela, Antunes (2010) – *Código Civil Anotado, Volume I*, 4ª Edição (Reimp.), Coimbra: Coimbra Editora, 2010 (ISBN 978-972-32-0037-9)

Neves, Rita Castanheira (2011) – *As Ingerências nas Comunicações Electrónicas em Processo Penal – Natureza e respectivo regime jurídico do correio electrónico enquanto meio de obtenção de prova*, Coimbra: Coimbra Editora, 2011 (ISBN 978-972-32-1942-5)

Martin, Adán Nieto (2015a) – «Investigaciones Internas» *in Manual de Cumplimiento Penal en la Empresa*, dir. de Adán Nieto Martin, Valencia: Tirant lo Blanch, 2015, p. 231-270 (ISBN 978-849-08-6326-8)

Martin, Adán Nieto (2015b) – «Fundamento y estructura de los programas de cumplimiento normativo» *in Manual de Cumplimiento Penal en la Empresa*, dir. de Adán Nieto Martin, Valencia: Tirant lo Blanch, 2015, p. 111-134 (ISBN 978-849-08-6326-8)

Martinez, Pedro Romano [et al.] (2017) – *Código do Trabalho Anotado*, 11ª Edição, Coimbra: Almedina, 2017 (ISBN 978-972-40-7086-5)

Martinez, Veronica Root (2019) – «The Compliance Process» *in Indiana Law Journal Vol. 94:203*, Estados Unidos da América: Notre Dame Law School, 2019. Cita-se o texto disponível em https://papers.ssrn.com

Milheiro, Tiago Caiado (2020) – «Anotação ao artigo 189º do Código de Processo Penal» *in Comentário Judiciário do Código de Processo Penal, Tomo II*, António Gama [et al.], Coimbra: Almedina, 2020, p. 811 a 847 (ISBN 978-972-40-8209-7)

Mendes, Paulo Sousa (2004) – «As proibições de Prova no Processo Penal» *in Jornadas de Direito Processual Penal e Direitos Fundamentais*. coord. científica de Maria Fernanda Palma, Coimbra: Almedina, 2004, p. 133-154 (ISBN 978-972-40-2217-8)

Mendes, Paulo Sousa (2009) – «O dever de colaboração e as garantias de defesa no processo sancionatório especial por práticas restritivas da concorrência» *in Julgar*, dir. de José Igreja de Matos, nº 9, Coimbra: Coimbra Editora, 2009, p. 11-28 (ISBN 977-164-66-8509-8)

Mendes, Paulo Sousa (2013) – «O problema da utilização de elementos recolhidos em ações de supervisão como meios de prova em processo sancionatório» *in Revista de Concorrência e Regulação*, Autoridade da Concorrência, Ano III, nº 11 e 12, Coimbra: Almedina, 2013, p. 307-318 (ISBN 978-110-00-5801-6)

Mendes, Paulo Sousa (2018) – «Law Enforcement & Compliance» *in Estudos sobre Law Enforcement, Compliance e Direito Penal,* coord. científica de Maria Fernanda Palma, Augusto Silva Dias e Paulo de Sousa Mendes, Coimbra: Almedina, 2018, p. 11-20 (ISBN 978-972-40-7362-0)

Montiel, Juan Pablo (2013) – «Sentido y Alcance de Las Investigaciones Internas en la Empresa» *in Revista de Derecho de la Pontifícia Universidad Católica de Valparaíso,* dir. de Patricio Lazo, Vol. 40, nº 1, Chile: Ediciones Universitarias de Valparaiso, 2013, p. 251-257 (ISSN 0718-6851)

Moreira, Teresa Coelho (2010) – «A privacidade dos trabalhadores e o controlo electrónico da utilização da internet», *in Questões Laborais,* Júlio Gomes, Francisco Liberal Fernandes e Jorge Leite, nº 35/36, Coimbra: Coimbra Editora, 2010, p. 23-82 (ISSN 0872-8267)

Moutinho, José Lobo e Duro, Pedro (2017) – «Anotação ao artigo 18º da Lei da Concorrência» *in Lei da Concorrência – Comentário Conimbricense,* coord. de Gonçalo Anastácio [et al.], Coimbra: Almedina, 2017, p. 313-324 (ISBN 978-972-40-7192-3)

Palma, Maria Fernanda (2009) – *O direito à não auto-incriminação,* 2009. Cita-se o texto disponível em https://www.cmjornal.pt

Pena, Ana María Neira (2015) – «Sherlock Holmes en el centro de trabajo: Las Investigaciones Internas Empresariales» *in Revista Derecho y Proceso Penal,* dir. de Fermín Morales Prats e Ángel Sanz Morán, nº 37, Pamplona: Aranzadi, 2015, p. 49-89 (ISSN 1575-4022)

Pereira, Francisco Rodrigues (2018) – *O controlo das comunicações eletrónicas do trabalhador: Análise do Caso do TEDH – Bărbulescu c. Roménia, de 5 de setembro de 2017,* Faculdade de Direito, Escola do Porto, 2018. Cita-se o texto disponível em https://repositorio.ucp.pt

Pimenta, Paulo (2014) – *Processo Civil Declarativo*, Coimbra: Almedina, 2014 (ISBN 978-972-40-5726-2)

Pinheiro, Alexandre Sousa [et al.] (2018) – *Comentário ao Regulamento Geral de Proteção de Dados,* Coimbra: Almedina, 2018 (ISBN 978-972-40-7786-4)

Pinto, Frederico Costa (2009) – «Supervisão do Mercado, Legalidade da Prova e Direito de Defesa em Processo de Contra-ordenaçãos» *in Supervisão, Direito ao Silêncio e Legalidade da Prova,* Jorge Figueiredo Dias, Manuel Costa Andrade e Frederico Costa Pinto, Coimbra: Almedina, 2009, p. 11-56 (ISBN 978-972-40-3763-9)

Pizarro, Sebastião Nóbrega (2017) – *Manual de Compliance,* Vila Nova de Famalicão: Nova Causa Edições Jurídicas, 2017 (ISBN 978-989-85-1536-0)

Ramalho, David Silva (2017) – *Métodos Ocultos de Investigação Criminal em Ambiente Digital,* Coimbra: Almedina, 2017 (ISBN 978-972-40-7000-1)

Ramalho, Maria do Rosário Palma (2016) – *Tratado do Direito do Trabalho, Parte II – Situações Laborais Individuais,* 6ª Edição, Coimbra: Almedina, 2016 (ISBN 978-972-40-6814-5)

Ramos, Vânia Costa (2006) – «Corpus Juris 2000: imposição ao arguido de entrega de documentos para prova e nemo tenetur se ipsum accusare» *in Revista do Ministério Público*, Prop. Sindicato dos Magistrados do Ministério Público, ano 27, nº 108, Lisboa: Sindicato dos Magistrados do Ministério Público, 2006, p. 125-149 (ISSN 0870-6107)

Rodrigues, Benjamim Silva (2008) – *Das escutas telefónicas Tomo I – A monitorização dos Fluxos Informacionais e Comunicacionais*, 2ª Edição, Coimbra: Coimbra Editora, 2008 (ISBN 978-989-95-7791-6)

Rosa, Luís Bértolo (2010) – «Consequências Processuais das Proibições de Prova» *in Revista Portuguesa de Ciência Criminal*, dir. de Jorge Figueiredo Dias, ano 20, Coimbra: Coimbra Editora, 2010, p. 219-277 (ISSN 0871-8563)

Rotsch, Thomas (2012) – «Criminal Compliance» *in InDret Revista para el Análisis del Derecho*, dir. de Jesús María Silva Sánchez, nº 1, Barcelona: Universitat Pompeu Fabra, 2012 (ISSN: 1698-739X). Cita-se o texto disponível em https://indret.com

Santos, Filipe Matias (2020) – «Compatibilização dos Deveres de Informação e Colaboração com o Princípio da Não Autoinculpação» *in Novos Estudos sobre Law Enforcement, Compliance e Direito Penal*, coord. científica de Maria Fernanda Palma, Augusto Silva Dias e Paulo de Sousa Mendes, Coimbra: Almedina, 2020, p. 471-500 (ISBN 978-972-40-8451-0)

Silva, Germano Marques da (2011) – *Curso de Processo Penal – Volume II*, Lisboa: Verbo, 2011 (ISBN 978-972-22-3043-8)

Silveira, Luís Lingnau da (2011) – «A proteção de dados pessoais e a internet» *in A sociedade do conhecimento / Centro de Informação Europeia Jacques Delors – Europa: Novas Fronteiras*, Ministério dos Negócios Estrangeiros, Direção Geral dos Assuntos Europeus e Centro de Informação Europeia Jacques Delors, nº 28/29, Parede: Princípia Editora, 2011, p. 139-143 (ISSN 0873-8068)

Santos, Manuel Simas Santos e SOUSA, Jorge Lopes de (2011) – *Contra-Ordenações, Anotações ao Regime Geral*, Lisboa: Áreas Editora, 2011 (ISBN 978-989-8058-59-1)

Silva, Paula Costa e (1999) – «Transferência Electrónica de Dados: a Formação dos Contratos (O novo regime jurídico dos documentos eletrónicos)» *in Direito da Sociedade da Informação, Volume I*, Alberto Sá e Mello [et. al.], Coimbra: Coimbra Editora, 1999-2003, pp. 201 a 228 (ISBN: 972-32-0916-0).

Silva, Sandra Oliveira e (2019) – «Direito ao silêncio e deveres de colaboração nos processos por delitos económico-financeiros», *in Julgar*, Lisboa, nº 38 (maio-agosto 2019), p. 135-150.

Technical Committee of the International Organization of Securities Commissions – *Compliance Function at Market Intermediaries – Final Report*, 2006. Cita-se o texto disponível em https://www.iosco.org

U.S. Department of Justice Criminal Division – *Evaluation of Corporate Compliance Programs*, 2020. Cita-se o texto disponível em https://www.justice.gov

Verdelho, Pedro (2004) «Apreensão de correio eletrónico em processo penal» *in Revista do Ministério Público*, Lisboa, ano 25, nº 100 (Out-Dez 2004), p. 153-164.

Verdelho, Pedro (2009) «A nova lei do cibercrime», *in Scientia Iuridica*, Braga, t. 58, nº 320 (out.-dez 2009), p. 717-749.